北京外国语大学资助学术著作出版

中国早期报纸副刊编辑形态的演变

谢庆立　著

學苑出版社

图书在版编目（CIP）数据

中国早期报纸副刊编辑形态的演变/谢庆立著. －北京：学苑出版社，2008.5

ISBN 978－7－5077－3076－0

Ⅰ. 中… Ⅱ. 谢… Ⅲ. 报纸编辑－研究－中国 Ⅳ. G219.2

中国版本图书馆 CIP 数据核字（2008）第 067603 号

责任编辑： 刘 丰
出版发行： 学苑出版社
社　　址： 北京市丰台区南方庄 2 号院 1 号楼 100079
网　　址： www.book001.com
电子信箱： xueyuan@public.bta.net.cn
邮购电话： 010－67674055
销售电话： 010－67675512、67602949、67678944
印 刷 厂： 高碑店市鑫宏源印刷厂
开本印张： 880×1230 32 开本 9 印张
字　　数： 210 千字
版　　次： 2008 年 5 月北京第 1 版
印　　次： 2008 年 5 月北京第 1 次印刷
定　　价： 26.00 元

序

2002年，谢庆立进入复旦大学新闻传播学博士后流动站。之前，他是一家中央主流媒体的记者。就专业背景来看，他读硕士和博士阶段的研究方向是中国现当代文学；就从业背景来看，他在我国主流媒体当了十几年的记者和编辑，曾有一段编报纸副刊的经历。以后，又以在新闻采编方面的成就，成为一名业界有影响的高级编辑和记者。但他的兴趣在治中国新闻史方面，他所选的博士后出站报告——《中国早期报纸副刊编辑形态的演变》与他的专业背景和从业背景有密切的关系。

中国早期报纸副刊的研究是一项艰苦的工作。相关的研究材料浩如烟海。做好这个选题，至少要涉及百余种报刊。前人可供借鉴的有水平的研究成果不多。难度可想而知。他的研究能否进行下去？我曾一度为他捏一把汗。以后，我常常在复旦大学图书馆里见他翻阅那些发黄的旧报刊，心无旁骛。我慢慢觉得，在治学方面，他是那种不为时尚所左右，耐着寂寞，刻苦钻研的人。两年间，他跑遍了上海和北京的各大图书馆，翻阅了百余种旧报刊，仅手抄的资料就有厚厚的几大本，估计百余万字之多。这期间，他的多数时光是在图书馆旧刊资料室里度过的。

就学术积累来看，谢庆立在中国报纸副刊研究方面着手较早、用力较勤。过去读硕士和博士期间，所涉猎的近现代原始报刊资料较多，加之多年的新闻从业阅历，以及在博士后流动站期间的刻苦努力与精心运思，2004 年，他顺利完成博士后研究工作。他的研究成果被评为复旦大学“优秀博士后研究工作报告”。《中国教育报》、《中国新闻出版报》等媒体曾对他的研究成果予以报道，称从编辑形态视角切入的此项研究“填补了国内这一研究领域的空白”。他从源头上进行考察，分析梳理报纸副刊发展的来龙去脉，回答了一些亟待解决的理论问题。他以开阔的理论视野、扎实的学术功底展现出自己的学术个性。本书是在他博士后出站报告的基础上不断修改而定稿的。展读他的书稿，让我又一次感受到作为教师的最大的乐趣。还有什么能够比看到学生的成绩更值得快慰的呢？

报纸副刊史作为新闻史的重要组成部分，就学科建设而言，目前的研究仍显单薄。特别是对早期报纸副刊发展史研究更有待深入和开拓。近年来，随着新闻史学研究的深入，以及传播学、新闻文化学等学科的发展，为从源头上考察报纸副刊的演变，认识报纸副刊的文化价值提供了理论背景。但不少研究者仍把研究的视角聚焦于当代副刊编辑业务层面。这种研究似乎贴近了实用编辑业务，但也导致“学理”的缺失。谢庆立把早期报纸副刊置于多学科的研究视野，一方面揭示报纸副刊在中国社会、文化转型中发挥的作用，弥补副刊史研究方面的一些缺失；另一方面，在学理层面考察了报纸副刊与社会文化的互动关系。他的研究因此显示出自己的特色——

第一，超越编辑学层面的报纸副刊研究，寻找适合研究对象的“切入点”。“切入点”就是借助最佳路径探究对象的本质。报纸副刊是新闻文化的一个子系统，它具有自己的本质和规律。作为一条“滋养民族文化的血脉”，报纸副刊具体而直观地显现出百余年来中国社会文化的变迁，反映出不同时期人们的生活方式、感情方式和观念形态。而一个时代的生活方式、思想观念、感情形式也影响着编辑主体的价值观念，制约着编辑主体的文化选择，最终决定副刊文化形态的建构。谢庆立从社会变迁与文化传播的视角，以大众文化生活方式为切入点，把副刊置于百余年来中国社会文化转型的背景下进行分析。他所选择的“切入点”不仅切入到报纸副刊编辑形态的内部，也获得了对报纸副刊社会生态的整体性和灵活性的把握。譬如，他对中国社会转型与副刊文化建构互动关系的分析，他对早期报纸副刊的编辑主体、编辑形态、编辑思想和编辑规范的形成过程及其意义的探讨，都具有一定的理论探索和学术建树意义。

第二，把握相对复杂的研究对象，使历史研究呈现出鲜活性、思想性。研究报纸副刊是一项十分复杂的工作。报纸副刊与人文学科的研究交叉性大，容易跨越学科界限。如果把握不好，很容易偏离研究本体。谢庆立在这些方面把握得很好，显示出一个学者的基本功底。面对那些年代久远的报刊资料，他认真筛选，并把这些材料诉诸学理性分析。面对相对复杂的研究对象，特别是那些以文艺性为主的报纸副刊，他不仅注意从社会学、传播学、新闻文化学的视角考察研究对象，同时兼顾文艺学的一些方法，尽可能地把握研究对象的审美特性。值得注意的是，他结合自己的新闻从业经历，在研究过程中倾注了自己的感性体验。我认为，这样的研究不仅鲜活，而且富有思想性。

第三，为报纸副刊的研究寻找坚实的理论基点。因为扎实的理论探索需要相应的历史研究支持。谢庆立通过梳理早期报纸副刊演变与发展的历史脉络，揭示这一时期报纸副刊演变与发展的特点和规律。其意义不仅是弥补了这个研究领域的不足，更有助于为报纸副刊的今后研究寻找坚实的理论基点。

就像对待其他学生一样，我对谢庆立在学术研究方面期望较高，自然也责之愈切。我认为，本书尚有进一步完善的余地。譬如在观点、方法和材料间还应处理得更加严密。来日方长，我相信，他会不负厚望，凭着他的勤奋、刻苦和对学问的执著精神，明天将会收获更多的成果。

我期待他有更多的学术著作问世。

童 兵

2008 年 3 月 26 日于复旦

目 录

插图目录

导 论

中国古代没有报纸副刊，因而也没有报纸“副刊”这个词汇。副刊是中国近代社会转型过程中出现的一种新的文化传播方式。在近代报纸副刊的孕育时期，人们习惯地把报刊上刊载的文艺性文字称为“杂俎”、“补白”或“余载”等。1897年11月24日，上海《字林沪报》的“附张”《消闲报》问世。之后，一些报纸纷纷仿效这张报纸的编辑方式，在报纸上开辟固定的栏目和版面，刊登一些文艺方面的内容。20世纪一二十年代，人们又把这样的栏目和版面称为“附张”、“副张”和“副镌”。1924年12月5日，孙伏园主编的《京报副刊》创办，从此，“副刊”一词被正式使用。之后，许多报纸的文艺性版面纷纷改称副刊。

副刊称谓的变迁，恰好反映了近现代早期中国报纸副刊孕育、演变的过程。这一时期，随着报业的发展，报纸副刊与新闻、言论、广告一起，构成了近现代报纸的运作模式，副刊因此成为新闻文化的一种传播方式。从历史发展的角度来看，近现代早期报纸副刊和其他印刷传媒一起，在打破封建文化禁锢、推动思想文化革命、丰富大众精神生活方面扮演了十分活跃的角色。因此，当代一些研究者称“副刊是滋养民族文化的一条血脉”。[1] 基于此，有必要研究中国报纸副刊史，从中找出副刊的发展规律，总结前人丰富的办刊经验，“这不仅是中国新闻史研究工作者的需要，也是目前在第一线从事办报活动的广大新闻工作者的需要”。[2] 从报纸副刊发展的历程来看，自具有完整编辑形态的副刊——《消闲报》的出现，到目前报纸副刊的发展已有百余年的历史。倘若从源头上考察报纸副刊孕育、演变的过程，可以上溯到 19 世纪一二十年代；但副刊进入研究领域的时间相对较晚，直到 20 世纪一二十年代才引起新闻研究者的注意。从研究者关注的对象范围来看，一是集中于“五四”时期的报纸副刊，二是侧重于对当代报纸副刊的研究。而对“五四”之前报纸副刊孕育、演变的百余年历史，由于人们很少从事这方面的研究，以致这一时期的报纸副刊成为研究中的薄弱环节，至今很难见到有关的系统性、学理性较强的研究成果。鉴于此，本文把 19 世纪一二十年代至新文化运动时期百余年的中国报纸副刊的演变和发展作为研究对象，通过考察近代中国社会、文化的转型与副刊文化传播方式之间的关系，分析大众文化、精英文化对于副刊编辑形态建构的影响，同时梳理这一时期报纸副刊孕育、演变和发展的基本线索，总结这一时期报纸副刊演变的基本规律。为了叙述的方便，本文把这一时期的报纸副刊称为中国早期报纸副刊。[3]

在进入研究对象之前，本文先对报纸副刊研究和有关中国早期报纸副刊研究的现状予以说明。纵观报纸副刊研究的历史，大致可以分为两个阶段：

第一阶段自 20 世纪 20 年代到新时期改革开放前夕。在这一时期，研究者多侧重于编辑业务层面的研究。“五四”时期，中国报纸副刊呈现出繁荣发展的态势，促使一些报人自觉关注报纸副刊的研究。报纸副刊的特点、定位和功能是当时研究者关注的问题。1924 年 12 月 5 日，《京报副刊》创刊号的第一版，发表了编辑孙伏园的《理想的日报附张》一文。作者认为，“报章杂志只供给人以趣味，研究学问须用书籍，从报章杂志上研究学问是徒劳的。而在中国，杂志又如此之少，专门杂志就更少了，日报的附张于是又须代替一部分杂志的工作。例如宗教、哲学、文学、美术等，本来都应有专门杂志的，而现在《民国日报》的《觉悟》，《时事新报》的《学灯》，北京《晨报》的副刊，大多是兼收并蓄的。一面要兼收并蓄，一面却要避开教科书或讲义式的艰深沉闷的弊病，所以，此后我们对于各项学术，除了与日常生活有关的，引入研究之趣味的，或艰深的学术而能用平易有趣之笔表达的，一概从少登载”。孙伏园是一位很有编创能力的人，他通过自己的副刊编辑实践，把副刊作为一种独特的文化传播方式，指出副刊的文化特质应“兼收并蓄”，保持“趣味”性。实际上，这已经提出副刊的内容该如何定位的问题，廓清了副刊与其他印刷传媒的本质区别。

“兼收并蓄”，意味着报纸副刊承载的内容要“杂”，阅读对象要顾及一般大众，要讲究趣味性，这样就把报纸副刊与那些刊登专门内容的杂志和专业内容较为系统的书籍区别了开来。那么，真正进入副刊编辑实践，传播内容的定位应该如何操作？作者认为，在副刊的内容结构中，文学艺术“是日报附张的主要部分，比学术思想的作品尤为重要”。[4] 早期新闻学研究的拓荒者戈公振也持相同的观点，他说，“吾意附张之材料，必以文艺为基础，如批评、小说、诗歌、戏曲与新闻之类，凡足以引起研究之兴味者，均可兼收并蓄，而要在与日常生活有关，与读者之常识相去不远”。[5]

早期副刊研究者还注意到专刊与副刊的区别问题。上海《新闻报·快活林》副刊主编严独鹤主张把文艺专版和副刊区别开来。他说，“副刊诚然以文艺为主体，但不是纯文艺性，如果说是纯文艺性，就成为文艺专刊了”，副刊的性质，“简直是兼容并包，要注意到世界、国家、社会、家庭、个人各方面，从大事以至小事，随时有讨论的题材，要着眼于政治、经济、文化、教育、科学、技术、艺术各部门，从正面以及侧面随处有写述的资料”。[6]对于副刊的功能，不少研究者认同于“娱乐说”。戈公振从社会学的角度分析报纸副刊的功能，他认为，现代都市中“音乐会与跳舞会不多有，戏园与游戏场喧哗龌龊特甚，当此社会不完备之时，凡有文字知识者”，阅读副刊可以“调节脑筋”，寻求娱乐。[7]但副刊的内容必须有一定的文化品位，“绝不是以发生趣味为能事，寻求趣味为目的”，一味地只供读者消闲，“就更失却了报纸上编行副刊的意义了”。[8]上述这些认识是这一时期副刊研究中较有代表性的观点。在以后几十年里，对副刊性质、功能的研究基本局限于上述认识。

对副刊的发生、起源问题，一些研究的基本的观点是：副刊起源于都市大众的文化娱乐需求，所以副刊的功能主要是为了“消闲”，[9]有的研究者认为，早期的副刊文字多是一些“骚人韵士的短什长篇”，“以致白社清谈，青楼丽际，无一不备”，因此副刊的发生与都市大众感兴趣的“风花雪月”有密切关系。[10]但对副刊起源问题的探讨并没有持续下去，后来的研究者多倾向于报纸副刊编辑业务方面的研究，注重探讨怎样编副刊、如何编好副刊等表层业务问题。另一种研究倾向是：从文艺思潮的变化和政治斗争的视角考察副刊的发展问题。这样的研究方式，实际上偏离了报纸副刊的新闻文化特征。总体上看，这样的研究关注“术”而轻视“学”，忽视对副刊本体的研究，结果，使研究停留在总结编辑经验的层面，这种研究状态一直持续到20世纪70年代末。

改革开放以来到目前，为报纸副刊研究的第二阶段。在这一时期，随着当代经济结构的转型和报业结构的调整，报纸纷纷走向市场，新闻媒体越来越向新闻本位靠拢，与大众生活密切相关的报纸专版迅速崛起，报纸副刊的发展面临前所未有的危机和挑战。报纸副刊编辑形态的转型、生存和发展成了研究者关注的问题，副刊研究随之也趋向“学理”方面的探讨。总的来看，这一时期研究的突出特点是：

第一，加强了对副刊史的研究。一些学者注意研究现代报纸副刊的演变、发展问题，研究者多集中研究“五四”时期的报纸副刊，如姚福申的《中国编辑史》、姚祖光等人的《江苏报刊编辑》和刘海贵主编的《中国现当代新闻业务史导论》等一批研究论著，都列出专门的章节讨论“五四”时期的报纸副刊。张涛甫的博士论文《〈晨报副镌〉与中国现代文学》立足于副刊与中国文学转型这一问题，力图把副刊史的研究引向文学传播的历史层面。值得注意的是，这一时期，副刊研究资料的整理工作也取得了一些进展。1985 年，上海图书馆编辑并出版了《上海图书馆藏中文报纸副刊条目》，系统收录了 1898 年至 1949 年千余种公开出版的报纸副刊条目。1987 年，中国文史出版社出版了王文彬编的《中国报纸的副刊》一书，书里收集了一些现当代有关副刊编辑研究方面的文章。目前，已经出版了两部系统研究副刊史方面的专著，一部是陈昌凤的《蜂飞蝶舞——旧中国报纸的副刊》，该书的内容多是副刊资料的集纳；一部是冯并的《中国文艺副刊史》，较为系统地梳理了中国现代报纸副刊史的发展线索。以上的研究成果足以启发后来者爬上新的高度，但缺陷也是非常明显的，即对早期报纸副刊的孕育、演变和发展缺乏系统研究，因而对报纸副刊与近现代中国社会转型，文化消费和文化生产机制与副刊编辑形态的建构，传统文化、大众文化和精英文化与报纸副刊编辑方式的创新等一系列学理性问题缺乏深入探讨。

第二，寻求新方法，注重副刊研究理论的突破。70 年代以来，港台的一些学者比较关注报纸副刊理论的探讨。如台湾学生书局出版的《编辑理论与实务》一书，作者用三章篇幅探讨副刊起源和副刊的文化功能的问题，但仍然侧重于“五四”时期的报纸副刊。由曾虚白主编的《中国新闻史》一书，则从文化思想史的视角，分析“五四”时期的报纸副刊在中国文化转型中的地位。近年来，港台的一些学者还针对本地区文学衰落、副刊生存空间受新传播媒介的挤压导致副刊文化品位下降的问题，尝试用大众传播社会学的一些研究方法，考察文学传播与社会文化环境的互动关系，分析报纸副刊历史演变和当前报纸副刊的发展现状。有的针对20世纪90年代以来台湾文学衰落的问题，分析台湾报纸副刊的演变与社会结构、文化方式变迁之间的关系。与港台学者的研究相比，内地的学者一般注重在编辑学视野内研究报纸副刊问题，比较有代表性的是罗贤梁的《报纸副刊学》、李兰颂的《兰颂手记》。前者，试图在学理层面上探讨报纸副刊的本质，但缺少对报纸副刊的新闻文化特征和文化传播功能的分析，因而基本停留在编辑学层面；后者，出自一位地方报纸的编辑之手，实际是这位副刊编辑的编余随笔，内容多谈自己的编辑经验。就副刊的研究规模来看，10多年来，内地公开发表在期刊和报纸上的副刊研究文章较少。据1991年至2001年《中国新闻年鉴》提供的资料初步统计，公开发表在各类期刊上有关副刊研究方面的文章不足百篇，大约是这一时期新闻学研究文章总数量的百分之一。其中，姚福申先生发表的《论报纸副刊的基本文化特征》等几篇系列论文，标志着副刊研究理论上取得了突破性进展。这些文章利用传播学的方法，将副刊置于各种文化传播媒介的格局中，探讨了报纸副刊独特的编辑形态及其文化传播功能。陈礼荣先生的《报纸副刊的多元化构成与转型期的社会心理》等几篇研究论文，关注当代报纸副刊发展问题，侧重于用社会学的方法，分析当代报纸副刊文化形态和编辑方式的演变与大众社会心理的关系。

从现有的资料来看，所发表的有关副刊编辑业务方面的文章占多数，这些文章一般停留在经验总结层面，缺乏理论探索意义。就这一时期相关学科的发展来看，中国现当代文学研究和其他人文学科研究都涉及报纸副刊方面的内容，但由于学科的限制，研究者不可能把报纸副刊作为一种新闻文化形态。近年来，随着新闻史学研究的深入，以及传播学、新闻文化学等学科的发展，为从源头上考察报纸副刊的演变、重新认识报纸副刊的价值提供了一些学科理论背景。但令人遗憾的是，很少有人尝试运用新方法研究早期副刊的发生发展。有关早期报纸副刊编辑主体的形成、编辑形态的演变等方面的研究文章十分少见。我认为，副刊研究长期不前的原因，除了特定时期意识形态控制和缺乏相关学科理论背景等因素外，不注意从源头上考察分析副刊的演变也是一个重要因素。从学科建设上来看，如果这些基础研究工作做不好，不仅搞不清副刊发展的来龙去脉，而且副刊理论方面的建构也容易失去根基。

基于以上研究状态和研究方法方面的不足，本文把早期报纸副刊作为一个研究断代，并视为一种相对独立的新闻文化形态，运用新闻文化学的基本方法，把副刊定位于一种新闻文化，考察这一阶段报纸副刊编辑形态的演变与社会转型、文化变迁等外部因素的关系，分析早期报纸副刊编辑主体的形成和副刊编辑形态演化的历程。我认为，通过这项研究，不仅可以揭示报纸副刊在中国社会、文化转型中发挥的作用，还可以通过对这段历史的梳理，弥补副刊史研究方面的一些不足；另一方面，通过对副刊发展源头的考察和对副刊脉络流变的剔扒梳理，能更好地从学理层面上揭示报纸副刊所呈现的性质、功能以及与社会诸方面的相互关系。

研究这一选题是一项非常吃力的工作，甚至是一项微妙而危险的工作：第一，研究者要面对大量散落在报刊文化海洋中的副刊文本及其有关资料，而研究对象所涉及的材料年代久远且相对庞杂，全面占有这些材料几乎是不现实的事情，这需要研究者认真选择其中最有价值的材料。基于这样的认识，著者除广泛查阅清末民初的原始报刊外，还重点翻阅了《晨报》(1918年12月—1921年10月)、《时事新报·学灯》(1918年3月—1925年11月)、《民国日报·觉悟》(1919年6月—1926年2月)、《晨报副刊》(1921年10月—1928年6月，人民出版社，1980年影印本)、《京报副刊》(1924年12月—1925年6月)、《新青年》(第一卷1—6号，1915年9月—1916年2月) 等原始资料。第二，对这一选题，研究者还面临一些复杂的问题。一方面它是研究，是一种科学行为，需要诉诸理性的分析；另一方面，研究的对象为文艺性的报纸副刊，其本身又带有一定的审美特点，这不仅要求研究者从新闻文化学的视角进行分析，必要时，还要涉及社会学、文化学的一些方法，还需要研究者在研究过程中倾注一些感性体验。报纸副刊研究与其他新闻业务研究相比，有自身的特殊性：即与其他人文学科的研究交叉性大，很容易跨越学科界限。特别是那些有着文学学科背景的人，如果把握不好，就会偏离研究本体。

鉴于报纸副刊自身的特点，研究者很容易因方法和切入点的把握不当，使副刊研究走入歧途。我认为，虽然报纸副刊以文艺为主，但所承载的内容常常涉及社会生活的方方面面。它的演变和发展，往往对应着社会文化生活的变化。在某种意义上，副刊是一个社会的文化指标。面对这样的研究对象，不仅需要借助于新闻文化学、编辑学来把握研究对象，还要借助于大众传播社会学、文化学等相关学科的方法，剖析报纸副刊编辑形态与社会文化发展之间的关系。事实上，早期报纸副刊编辑方式和编辑形态的演变，与当时中国社会的转型和文化生活的变迁联系密切，这就要求研究者广泛占有有关副刊史发展的资料，同时进行整理、考据和辨析。从表层看，报纸副刊比较直观地反映出当时人们的审美习惯、文化趣味，这样的研究又很容易偏离副刊研究的审美特性。但是，既然确立了自己的研究对象，又鉴于研究对象的特殊性，就必须避免研究方法的单一性和机械性。另外，早期报纸副刊的编辑形态几经转换，如果仅仅用编辑学、文化学的方法，很容易使研究停留在报纸副刊的表面层次，浮光掠影地对某一阶段的报纸副刊作一番描述，对一些报纸副刊的栏目和版面随意评点，就学理的探讨意义而言，这样研究价值不大。但若用新闻文化学的方法进行研究，就很容易发现不同阶段报纸编辑形态之间的内在联系，这样的研究不仅涉及近代中国社会、文化转型与报纸副刊文化传播方式建构之间的关系，而且也涉及新闻文化传承、发展与报纸副刊演变的内在逻辑关系，其中的学理意义自然凸现出来。

当然，任何一种研究，其动机都是要达到理想的结果，接近研究对象的本质。对于自己选择的研究对象，都想找到一个理想的“切入点”。从这种意义上说，“切入点”本身就意味着一种方法，意味着对前人研究的超越。报纸副刊是新闻文化的一个子系统，它自身的特殊性决定了能够具体而直观地显现社会文化的变迁，其编辑形态的演变也反映出不同时期人们的生活方式和感情、思想形式。因此，一个时代的生活方式和思想、感情形式与报纸副刊编辑形态的演变有着某些因果关系：生活方式意味着人们的文化价值和审美情趣，这些都是构成报纸副刊编辑形态的潜在因素，影响着报纸副刊编辑主体的价值观念，制约着编辑主体的文化选择，最终决定了副刊文化形态的建构。因此，我从社会变迁与大众传播的视角，以早期报纸副刊发育与现代城市的发展、城市的职能转换作为切入点，把早期报纸副刊放在中国近代社会文化转型的背景下进行观照。从这个切入点入手，可以较为有效地避开以往报纸副刊研究的偏差，用尽量接近对象的研究方法，从而达到对于报纸副刊本体的把握，获得研究的整体性和灵活性。这样，不仅可以考察中国社会转型与报纸副刊文化传播方式的建构之间的关系，而且能够深入副刊编辑形态的内部，分析早期报纸副刊编辑形态孕育、演变和发展的过程。同时，基于以往的研究状态，力图超越编辑学层面的副刊研究状态，系统探讨早期报纸副刊的编辑主体、编辑形态、编辑思想和编辑规范的形成过程及其意义，从而揭示其中蕴涵的学理。

注释：

［1］徐怀谦：《营养社会的血脉——冯并谈副刊》，《人民日报》，2002年12月19日。

［2］方汉奇：《副刊百年史》，《人民日报》，2002年4月13日。

［3］关于“早期报纸副刊”时间划分问题：不是按一般社会发展史

来分期，或从政治发展史的视角来划分时间范围，而是着眼于报纸副刊编辑形态演变。从近代早期报刊上刊登的文艺文字，到清末民初栏目式报纸副刊编辑形式不断完善，再到新文化运动时期报纸副刊的革新。在新闻文化不断传承、积淀的基础上，“五四”时期的报纸编辑大胆创新，使报纸副刊这种文化传播方式初步成熟，形成较为完备的编辑体例。这一时期报纸副刊的编辑形态和编辑方式，对以后报纸副刊的发展产生了深远的影响。因此从宏观上应该把 1815 年至“五四”时期作为副刊演变和发展的一个阶段。

［4］孙伏园：《理想的日报附张》，《京报副刊》，1924 年 12 月 5 日。

［5］戈公振：《中国报学史》，北京：三联书店，1955 年版，第 247 页。

［6］严独鹤：《副刊的要点》，转引王文彬：《中国报纸的副刊》，北京：中国文史出版社，1988 年版，第 26 页。

［7］戈公振：《中国报学史》，北京：三联书店，1955 年版，第 246 页。

［8］严独鹤：《副刊的要点》，转引王文彬：《中国报纸的副刊》，北京：中国文史出版社，1988 年版，第 26 页。

［9］《上海报纸副刊史之一页》，《时事新报》，1935 年 12 月 24 日。

［10］吴国良：《副刊的回顾和展望》，《新闻学季刊》，1942 年第二卷第 2 期。

第一章　中国近代社会转型与报纸副刊文化传播方式的建构

第一节　早期报纸副刊发育的城市背景

童兵先生认为，“新闻事业属于上层建筑，新闻是一种社会意识，因此，必须紧紧地联系经济与政治背景，展开对新闻传播学的研究”。[1] 报纸副刊是新闻传播中出现的一个现象，考察中国早期报纸副刊的发展和演变，一个大的背景不能忽视：晚清到新文化运动之初，中国正处在深刻的社会转型的进程中。

这里所谓的社会转型，是指这一时期中国从一个被封建皇权主宰的专制社会，向文化多元化、政治民主化的开放性社会转化。从社会学的角度看，社会转型是指社会形态的逐渐变革。这种社会变革在东西方历史上曾出现过多次，如原始社会向奴隶社会过渡，奴隶社会向封建社会转化等。从现代化进程意义上说，在中国近代之前历史上所发生的社会转型，远远比不上近代以来所发生的社会变革。新闻和文化出版业的迅速发展，是这一时期社会转型出现的突出现象，从某种意义上说这也是一次深刻的社会革命。

近代报刊以极其活跃的文化角色，参与中国社会历史的进程，推动着传统社会向现代社会的转化，对以后社会政治、经济的发展和文化的变革产生了深远的历史影响。作为一种新的文化传播方式——中国早期报纸副刊就是在这一时期孕育、成型和发展起来的。因此，副刊这种文化传播方式，是中国封建文化专制体制逐渐崩溃、新的社会机制下的中国文化逐渐走向开放的产物。

在社会转型过程中，人是最活跃的因素。马克思特别看重人在社会发展中的主体地位，他根据人的生存发展状态，把人类社会的历史发展划分为依次更替的三大形态，即人的依赖性社会、物的依赖性社会、个人全面自由发展的社会。他指出，“人的依赖性关系（起初完全是自然发生的），是最初的社会形态，在这种社会形态下，人的生产能力只是在狭窄的范围内和孤立的地点上发展着。以物的依赖性为基础的人的独立性，是第二大形态，在这种社会形态下，才形成普遍的社会物质交换，全面的关系，多方面的需要以及全面的能力的体系。建立在个人全面发展和他们共同的社会生产能力成为他们的社会财富这一基础上的自由个性，是第三个阶段。第二个阶段为第三个阶段创造条件”。[2] 马克思在这里所说的三种社会形态的依次更替，都可以看作是社会转型的过程。用这一观点来考察中国近代社会的历史状态，所谓的社会转型，就是指我国从古典的传统封建社会向现代社会的转变。传统型社会向现代型社会转化，其中蕴涵着哪些内涵，对近代中国报纸及其副刊产生了什么影响，这是值得研究的问题。

在古代中国，皇权是主宰一切的最高权力，社会的主要特征突出地表现为“人的依赖关系”；而现代型社会是“以物的依赖性为基础的人的独立性”社会，人相对获得了较大的自由发展空间。按照马克思的观点来理解中国近代社会的转型，可以发现，由一个传统型社会向现代型社会的转变的过程，也是中国社会“传统性”的消解和“现代性”的生成过程。表现在经济形态方面，中国近代从自然经济社会，向以市场为导向的商品经济社会转变；表现在政治形态上，从以封建皇权为特征的集权专制型社会，向建立在个人自由平等基础上的民主法治型社会转变；表现在社会关系方面，从各种以身份为特征的依赖性关系，向以个人独立自由为基础的契约性社会关系转变。概括起来说，这种转变的最终目的是实现市场经济、民主政治和个人自由发展。因此，市场经济、民主政治和个人自由，这些基本内容也正是构成现代社会特征的主要因素。

关于近代中国社会的转型，我们不能回避这样一种现实：由于地域的差异所导致的政治、经济和文化发展的不平衡，也导致农村和城市、内陆城市和沿海城市社会发展变化的进程不一致。从地域的视角来考察，可以发现，近代中国社会的变化主要表现在城市，特别是东南沿海城市，而在广大的农村和小城镇地区，社会的变化则明显呈现一种滞后状态。这里不妨把上海作为一个典型个案来考察。自19世纪中叶上海开埠以后，随着外国资本主义的经济政治入侵和文化输入，上海的城市工商业迅速发展，城市的规模也随之不断扩大。其主要标志是现代工商业的出现，这时的城市手工业向机械化大工业迈进。例如，在1887年—1993年期间，盛宣怀利用政府贷款等手段，控制一家保险公司的资金，使上海织布局的规模迅速扩大，资本增加三倍。[3]到19世纪末，私人企业的发展逐渐形成规模。新的工商业给人带来了新的居住环境、行为方式和职业状态，使城市的景观发生了巨大变化。自1846年英国人率先占去外滩以西的土地建立租界后，在以后20多年的时间里，上海形成了规模宏大的租界制度。在租界地区，行政上中外共同管理，东西方文化通过人们日常的生活汇流冲撞，使这个城市出现了畸形的繁荣状态。不仅有象征城市文明的市政建筑和服务设施，如博物馆、戏院、洋火轮、自来水、工部局、江海关、电话、煤气、铁路、邮政局、礼拜堂、洒水车，也有繁荣背后所隐藏的社会阴暗，如赛马场、巡捕房、烟馆、妓院等等，十里洋场可谓丰富多彩，总体上展示了新兴城市的魅力。1882年，康有为路过上海，新的都市风情让他激动不已，深感“上海之繁盛，益知西人治之有方”，并因此对西方文化产生了浓厚的兴趣。

甲午战争以后，随着外国资本对中国的投资不断增加，外商大规模地在上海等沿海城市开设工厂，刺激了中国民族资本主义工业的迅速发展。在此基础上，上海的金融业、交通运输、机器制造、邮电通讯和文化出版产业迅速崛起，这里逐渐成为全国的经济中心。与原有的古典城市职能相比，这时上海的城市职能也随之逐渐向经济型过渡，市政机构也逐渐向着服务机构和调节机构转化。

这一时期，以上海为代表的一大批新兴城市成了中国社会变革的先锋，在一定程度上加速了中国社会的转型。到20世纪初，伴随着外国资本主义的政治、经济、文化的入侵，更多的中国城市的城市职能都开始了这一转变过程。如广州、天津、汉口、厦门、南京、香港、宁波、大连、福州、青岛等地，这些城市在中国近代的社会结构的变革中，过去的军事政治职能越来越弱，代之而起的是经济文化职能的强化。

正是这些城市的迅速发展，不断瓦解着传统的意识形态，改变着人们传统的价值观念和日常生活方式，从而将中国社会变革的活跃因子渗透到社会生活的各个层面。如在上海，“金钱”的地位逐渐取代了过去以政治权力为中心的地位，“金钱”不仅改变了人们之间的社会关系，而且也成了现实生活中的价值尺度与调节手段。人们倾向于追求以金钱为基础的物质欲望的满足，于是人们的关系也逐渐由传统社会的礼俗化变为近代社会的契约化。伴随着新的道德方式出现，有独立意识的现代知识分子和市民阶层也浮出了社会生活的层面。他们的出现，对改善和调节社会文化气候有着十分重要的意义。

到20世纪初年，上海集中了众多的社会财富，人口的密集度在国内城市中首屈一指，这时的上海已经成为全国经济活动、文化活动和信息交流的中心。以这一时期的上海为个案，观察新兴城市在中国近代社会转型中的作用，可以发现，这个城市所呈现的经济功能和文化功能是前所未有的。美国著名学者罗兹·墨菲因此把上海作为观察中国近代社会变迁的一个窗口，他认为，“上海，连同它在近百年来成长发展的格局，一直是现代中国的缩影。就在这个城市，中国第一次接受和吸收了19世纪欧洲的治外法权、炮舰外交、外国租界和侵略精神的经验教训。就在这个城市，胜于其他任何地方，理性的、重法规的、科学的、工业发达的、效率高的、扩张正义的西方和因袭传统的、全凭直觉的、人文主义的、以农业为主的、效率低的、闭关自守的中国——两种文明走到一起了。两者接触的结果和中国的反应，首先在上海开始出现，现代中国就在这里诞生”。[4]

从这种意义上看，中国现代社会的新生细胞都在这里得到了充分发育。伴随着东西方文化的交流，上海这个新兴城市所积聚的经济能量、所产生的文化观念也不断地向周边中小城市和广大的乡村地区辐射，极大地改变了国家政治文化面貌以及大众的生活方式，促进了社会经济、文化分布结构的重新调整。城市也是社会变革的策源地，纵观中国近代现代化的运动思潮，首先是在城市社会倡导、酝酿和展开的。可见，没有近代城市的发展和新兴城市功能的出现，中国近代社会的发展是一件不可想象的事情。因此，新兴城市不仅是一个地理概念和社会概念，还是一个内涵极其丰富的文化概念。就文化生活方式来看，随着现代传媒的发展，社会文化生活出现了一次空前的革命。中国的城市由原来单纯的政治、军事、文化中枢而兼任了现代工商业的中心，以现代工商业和市民社会为依托，文化出版业因此有了广阔的发展空间。

中国的报纸副刊的孕育、萌芽和发展，就是以这一时期城市的发展为背景。19 世纪中期至 20 世纪初期，上海工商业经济迅速发展，东西方文化激烈交汇，人们的传统价值观念和生活方式也逐渐发生变化。1843 年，上海被迫向外开放后，资本主义的工商业成了上海社会经济的基础，商品化、商业化成为上海社会的主要特征，商业也因此成为这里最发达最深入人心的行业。上海城市文化就建立在工商业基础之上。从政治制度层面上考察，上海最重要的社会政治制度是租界制度。城市社区由华界、公共租界和法租界分别管辖。这样的行政格局，在地理上造就了东西方文化的交汇点。随着工商业经济文化的发展，到 19 世纪末 20 世纪初，上海已经成为全国的经济中心。这时的上海，无论在政治上还是在文化上，都表现出与皇权政治和封建文化的疏离倾向，显示出急于接受和认同于西方文化价值选择的姿态。这在文化出版方面表现得非常明显。当时国内 3 个介绍西学的官方机构，上海就占了两个。据统计，1899 年前近 50 年的时间里，译成中文的西方书籍有 556 种，其中，上海翻译了 478 种，占全国翻译的 85%。[5] 这一时期，上海在新闻出版、中外信息传播等方面都采用了当时最先进的技术手段，形成了优越的文化传播和文化生产条件。以上海《申报》为例，创刊不久，不断更新印刷技术，逐渐形成初具规模的文化出版产业。1898 年，上海与世界一些重要城市和港口都建立了电报联系，与国内一些城市也有电报相通。从 1895 年到 1898 年，维新派在全国创办了 40 多种报刊，其中一半以上是在上海出版的。

19 世纪下半叶，上海已经成为传播西方文化的重要地区。在中国近现代历史上影响较大的两大出版社——商务印书馆和中华书局，分别在 1897 年和 1912 年建立。在两家出版社出版的图书中，有关西方文化的图书占了相当的比重。从教育的发

图 1 清末画家吴友如所绘申报馆及其副业申昌书画室

今天看来，这个数字并不大，但在当时是一个不小的数字。教会学校传播西方文化，向学生传授自然科学方面的知识，打开了中国人了解世界的窗口，对于中国人新的价值观念的形成，起到了潜移默化的作用。撇开负面的影响不说，教会学校对于中国近代文化的转型起到了一定的推动作用，如马相伯、马建忠、刘鸿生等文化人物，他们对中国文化思想和中国教育的影响为后世所公认。

与此同时，报刊业迅速发展。据统计，1911 年以前，中国境内先后出版 1753 种中文报刊，仅上海就有 460 多种，占总数的 26% 还多。[6] 19 至 20 世纪之交，随着西方文化的不断渗透，上海的各种新式学堂、私立学校、女子学校也纷纷建立。仅以国人自办的新式学校为例，据不完全的统计，到1911年底，上海共276所，其中高等学校、师范和专修学校33所，中学17所，女学26所，小学200所。[7]由于上海有相对宽松的政治环境，戊戌政变后，大批文人南下上海，寻找新的发展机遇，他们译书、办报、办学，蔡元培、张元济、严复等都在这一时期汇集上海，为新式学校的发展，在师资队伍方面提供了人才储备。1903年，清政府颁布新的学制，即“癸卯学制”，进行教育体制上的重大改革。随后，书院普遍改为学校。1905年，清政府宣布废除科举制度，女学渐次兴办，教育界呈现前所未有的新气象。

趋新求变的人文环境为以后的知识分子提供了发展空间，同时，为日后阵容强大的知识分子群体的形成奠定了基础。就报业发展而言，这样的社会环境有利于营造报业发展的文化气候，不仅培养了规模庞大的读者市场，而且通过现代报刊传媒，凝聚了一大批传统知识分子和以后的新型知识分子精英人物，他们敢开风气之先，在引导社会生活时尚、影响大众的思想方面发挥着重大作用。

上海报纸对市民的影响力恐怕是其他城市无法相比的，以至有人感叹，“报馆实有转移风气之力，当时报馆提倡词章，故上海遍地贬低名士。年末报馆提倡民气，上海又遍地志士”，[8]可见当时报纸的影响力优越于其他传播媒介。上海成为维新变法、政治革命和以后酝酿新文化运动思潮的基地，除了某些政治环境方面的因素外，与这里拥有处于全国领先地位的新闻出版业和传播手段有一定的关系。长期以来，这些出版物注意开启新民风、鼓荡新民气，培养市民新的审美趣味，营造新的社会舆论。为日后的政治革命、文化革命营造了软环境，同时为以后报纸副刊编辑主体的形成做了历史性的铺垫。

在近代工商业发展的背景上，城市市民阶层也在不断壮大，由报刊等文化传媒所营造的都市文化气候，也使市民阶层的文化需求迅速生长，这些新生因素与传统城市文化发生着剧烈冲突。他们所形成的求新求变的审美趣味，不仅需要近代报刊为他们提供新的文化娱乐，也需要现代出版物为他们构建新的文化价值形态，从而增长自己生存与发展的能力。读报已成为不少市民的文化生活方式之一。从近代遗留的资料中可以发现，人们读报，是因为“报登各业行情，每日纷纷自盈。中外电通消息广，纵谈时务欲精明”。[9]在 19 世纪八九十年代的上海，究竟有多少报纸读者，鉴于资料的限制，今天很难进行统计，但从当时报纸发售情况可见一斑。据当时的文人记载，“沪上自风行报纸后，以各报出版皆在侵晨，故破晓后，卖报者云集于报馆之门，恐后争先，拥挤特甚。甚有门尚未启而买报人已在外守候者，足征各报销畅之广”。[10]由此可见，在当时上海，市民读报业已成为一项生活内容。

总的来看，中国近代的新闻事业实际上是一种城市文化现象，中国报纸副刊的孕育、萌芽和发展离开了近代城市背景也不可能产生，以审美、冶情、益智、娱乐为特征的报纸副刊正是城市文化孕育的结果。从新闻活动的主体来看，中国的近现代报人都集中在城市，他们实际上也属于城市市民阶层，其办报活动既是一种城市文化活动，也是一种谋生方式。就市场意义上而言，近现代报刊业不过是城市中的一种文化工业。这种文化工业如果没有近代城市的物质技术、文化资源、读者市场和文化氛围为依托，其发展也是不可能的事情。而报刊业的发展，又是近现代城市文化环境的一个不可缺少的组成部分。

近代报刊依靠先进的传播手段和传播方式，为大众营造一种文化信息环境，从而拓展人们的生活视野和精神空间，打破传统封建专制社会的信息垄断，为人们的知识来源开辟一个新的渠道。而在19世纪以前，中国没有近代意义上的报纸，唯一合法的报纸是由封建皇权控制的邸报，清代称之为“京报”。在专制社会中，普通人没有知情权。因此，邸报的读者对象定位不是大众，只有官僚士大夫才有资格阅读这种官方报纸。再加上印刷技术的落后，邸报不可能容纳更为丰富的信息，其内容主要是皇室动态、皇帝诏书、各级官员任免升黜等情况，这些都是统治阶级中上层所关注的信息，所以，邸报称不上大众传播媒介。

随着近代中国社会的转型，近代报纸不断发展，其功能也不断延伸，报纸不但给人提供新闻信息，还要参与营造大众的精神生活，为大众提供文化娱乐产品，随之而出现的报纸副刊成为一种新的文化传播方式。它以大众为读者对象，丰富了人们的知识信息来源，改变着人们的思想意识、审美情趣乃至生活方式。上海著名报人郑逸梅在回忆20世纪初年报纸副刊对他的影响时说：“我喜阅《民立报》和《民权报》。这两种报纸的副刊篇幅是很大的，小说、笔记、诗歌、文章以及其他杂作，无不风华隽趣，引人入胜。在这方面，我获得不少营养，作文也更丰富了词藻，开阔了思路。《民权报》在民国初年时有征文启事，我跃跃欲试，将英文课中的一篇游记，译成中文，取名《克买湖游记》，投给《民权报》，仅隔了二天，便见登载了我的第一篇译作。那时采登的稿件，标着甲乙丙丁等第，我居然蒙列甲等，报社送来稿酬，附有编辑吴恤亲笔写的毛笔信，有‘如此文章，多多益善’等语。这是我写作的开始，我获得这样的鼓励后，信心大增，使我毕生从事了写作生涯。《民权报》对袁世凯大肆挞伐，我也跟着写文章淋漓尽致地骂，使我非常痛快。”[11] 从这段回忆中可以看出，副刊文化传播方式与传统的书籍传播方式不同，传统的书籍传播是单向的，人们靠师徒授受或者靠自己读书，所获信息是有限的，一般人只能被动地接受。而报纸副刊作为一种新的文化传播方式，不仅鼓励大众阅读，还鼓励大众参与；不仅以自己的审美情趣陶冶大众，还要在价值观念上塑造大众。同时，让大众在副刊园地里发表意见，编辑与读者的交流是互动的、双向的。这样的传播方式，在促进社会的开放、改变大众的文化观念、知识结构等方面所发挥的作用显而易见。

1897 年 11 月 24 日，上海《字林沪报》附出一张以消闲娱乐为主、专门刊载文艺作品的报纸“附张”——《消闲报》，该报是我国第一张具有较为完整编辑形态的报纸副刊。这张报纸副刊的出现，其背后潜藏着一系列因素，但重要的是地域因素。近代上海地处中西文化交流碰撞的前沿地带，信息流通便捷，文化氛围活跃，报业市场形成竞争格局，上海周边

消閑報

图 2　《消闲报》创刊号

地区的文人不断来到上海求职谋生，为这些报纸的发展提供了文化资源。

当时，外国人在中国近代创办的报刊主要包括宗教性报刊、政论性报刊、商业性报刊、专业性报刊、娱乐性报刊等几类，但真正代表中国报纸产业的要数外国人创办的以赢利为目的的综合性商业大报。1872 年 4 月 30 日，由英国人美查等人集资创办《申报》，打破了于 1861 年 11 月创刊的《上海新报》独家经营的格局。美查认为，报纸是办给中国人看的，在内容上尽量适合中国读者口味，从而表明了认可中国文化的姿态。创刊不久，该报就刊载一些文艺方面的文字，确立了“新闻、评论、文艺（副刊）和广告”的办报模式。这时，西方报业资本的经营者已经认识到，在中国本土上，西方宗教文化不可能像具有深厚传统的中国文化那样拥有大众，于是，一些外国人主办的商业报纸为了拓展业务，吸引更多的中国读者，就不得不鼓励中国文人的加盟，参与报业编辑出版等业务，像戴普笙、高太痴、吴趼人、袁祖志、蔡尔康、孙玉声等传统文人后来都成了著名的报纸编辑家。

中国近代传统文人的加盟，为西方人所经营的报纸在中国文化的土壤上扎根提供了契机，也因此为副刊的孕育和发展提供了条件。在此基础上，近代大都市所拥有的先进印刷技术和印刷设备，则在物质技术层面直接推动了中国报纸的发展，为以后完整形态的报纸副刊的出现提供了条件（直接引发了报纸版面的革新，为栏目式副刊的发展提供了版面空间）。

1874 年，石印技术传入上海，被文化出版行业广泛采用，1876 年，点石斋石印书局成立。1913 年，国人自办的第一家专业油墨制造厂——上海中国油墨厂成为我国制造现代印刷油墨的开端，产品分为印书油墨和印报油墨，印刷上海《申报》、《时事新报》等报纸。这一时期，西方先进的印刷设备也被广泛引进。在 19 世纪欧洲主要国家已建立起近代工业体系，动力、冶金、机械、化学、造纸等工业的发展，为印刷技术的进步提供了有利条件。在这一进程中，印刷生产摆脱了传统的手工业模式，实现了工业化生产，提高了生产效率和产品质量。19 世纪 70 年代，上海、广州等地出版商的印刷设备还一直来自国外。1872 年，上海申报馆购置欧式手摇轮转机，每小时可印几百份报纸。中日甲午战争到辛亥革命期间，印刷机械作为中国民族工业开始出现，如 1895 年上海李涌昌机器厂创建，至 1912 年先后又有 6 家规模大体相似的印刷机械厂建立，这些印刷机械厂以维修为主，兼生产一些小型印刷设备。印刷技术及设备的引进，有力地推动了中国近代报业的发展，最明显的是引发了报纸版面的改革。

我国早期的报纸版面形式一般是杂志式，每个版其实是一方线装书页。新的报业理念和物质技术手段的采用，使中国近代报纸的版面形态越来越接近现代报纸的形态。19 世纪末，汪康年把《时务日报》改名为《中外日报》，报纸版面首次采用直长式，“报纸分为三层，俾阅者节省目力，句斗加点，以清眉目”。这次改版虽然没有产生栏目式的副刊，却打破了论说与新闻与诗文杂登在一起的习惯，分为“论说、电报、国内外新闻和本埠新闻，和文艺诸栏。各报仿而效之，编制始见改良”。[12] 此举揭开了报纸版面改革的序幕。之后，一些报纸用机制白报纸两面印刷，分栏分版编排。1904 年 6 月 12 日，上海的《时报》创刊，首创对开报纸，分为 4 个版面，采用

中外日報
Universal Gazette.
廣智書局各書出版廣告

图 3　《中外日报》版面

两面印刷。由于版面空间的扩大，其容纳的信息量相对增加，在编辑业务上随之进行了改革，各种不同的内容分类编排，《时报》发刊例“第21”条称，“本报编排，务求秩序，如论说、谕旨、电报及紧要新闻，皆有一定之位置，使读者阅卷即见，不劳探索”，并在新闻论说外增加了《书评》、《小说》、《词林》等副刊栏目。后来各报仿效该报。1906年，由英国人发明的电气马达作动力的单滚筒机进入中国，开始了新闻纸的两面印刷。1912年申报馆购置双轮转机，每小时可印2000张。1916年，申报馆购置法式滚筒纸印刷机，每小时可印8000多张。1919年7月，上海《时事新报》采用轮转印报机印刷，编辑业务也随着改革，该报编辑业务改革的主要内容之一，就是加强副刊的编辑业务。这些变革，对于以后《申报·自由谈》、《新闻报·快活林》以及“五四”时期栏目式副刊编辑形态的不断成熟产生了很大的影响。

第二节 大众文化与早期报纸副刊的编辑方式

如果说从城市政治、经济和职能转换视角观察近代报业发展不失为一种方法的话，那么，从城市大众文化的角度来研究早期报纸副刊则更有一种理由。为了分析早期副刊编辑形态的演变（此问题将在第三章里详细论述）与近代城市大众文化的关系，这里简要描述早期报纸副刊演变的大致脉络。

在19世纪初期第一份中文报刊《察世俗每月统记传》上，外国传教士为了配合教义的宣传，登载一些适合中国人口

嘉慶丙子年全卷

子曰多聞擇其善者而從之

察世俗每月統記傳

博愛者纂

图4　近代第一份中文报刊《察世俗每月统记传》

味的诗词、笔记杂谈等文艺小品。这些文艺性的文字可以看作是早期报纸副刊文字的萌芽。1857年，上海出版的第一份中文报刊《六合丛谈》的编辑已注意刊登文艺小品，在第一号至十三号，就刊登知识性、趣味性和文艺类文章20多篇。该报注意系统地介绍西方文学知识，先后在第三号和第四号上刊登《希腊诗人略说》、《罗马诗人略说》（两篇文章的作者均为英国人艾约瑟）。不久，由英商字林洋行经办，英美传教士主编的《上海新报》于1861年11月在上海出版。为了吸引中国人的兴趣，该报一开始就刊登篇幅较短的笔记小说、杂谈、游记、寓言故事，以后又刊登诗词、对联，联语征对、诗词唱和的文字也逐渐增加（最早刊登的这些作品的作者署名“两人”和“华友”）。后来出现的《申报》（1872年4月创刊于上海）、《新闻报》（1893年2月创刊于上海）等报刊上，都不断出现这样的文字。但在这漫长的时间里，副刊性文字没有固定的编辑，也没有固定的栏目和版面，谈不上是完整编辑形态的副刊，这些副刊性文字被称为“杂俎”、“余兴”、“补白”等。所刊登的这些文字，除了外国传教士写的介绍一些知识性、趣味性的文字带有西方文化色彩外，更多的文字出自早期中国文人之手，那些诗词唱和、谈狐说鬼、留恋艳情、玩赏景物的文字，或进行道德劝惩，或借以讽喻世态，则蕴涵着一些封建意识形态，带有相当浓厚的传统士大夫文人的审美趣味。当时的读者一般局限于文人圈中。

19世纪70年代后，上海报业市场形成竞争格局，各报使出招数吸引读者。1897年，《字林沪报》出版了一张专门刊登文艺内容的“附张”——《消闲报》。这张报纸刷新了以往文艺性文字的编辑形态，将一些文艺文字集中编辑在一起，以固定的版面刊登出来，随主报附送。编辑定位以“游戏”、“消闲”为主，追求“一篇入目，笑口常开”[13]的阅读效果，在读者定位上以一般市民为对象。初期一般在头题位置刊登散文一篇，之后，短新闻若干则，标题多用对偶，接着是一些“稀奇开笑、艳冶娱情”的游戏文字，如谐文笔记、诗词小品等等。该报第100期以后，政论文字和抨击现实的幽默小品文增加，还经常刊登市民欢迎的连载小说。与以前的文艺性文字编辑方式不同，《消闲报》的编辑不仅赋予文艺性文字较为完整的编辑形态，而且注意塑造以娱乐消闲为指向的市民消费文化品格。

《消闲报》在编辑形式上的创新，对以后栏目式副刊和综合性副刊产生了深远的影响。一方面为以后出现的《申报·自由谈》（1911年创刊于上海）、《新闻报·快活林》（1914年创刊于上海）等市民文化娱乐消费为主的商业性报纸副刊奠定了“体制”；另一方面，直接刺激了《中国旬报·鼓吹录》(1900年创刊于香港)、《国民日报·黑暗世界》(1903年创刊于上海)、《民呼日报》(1909年创刊于上海)、《民立报》(1910年创刊于上海）等政治精英们以革命宣传为主的报纸副刊的发轫。到新文化运动时期，由《消闲报》创立的这种编辑体制被注入了全新的精神内涵。1918年3月4日，上海《时事新报·学灯》创刊，之后的北京《晨报·晨报副镌》、上海《民国日报·觉悟》等一大批副刊纷纷出现，它们携带“民主”与“科学”等西方进步思潮，以文化启蒙和社会改造为历史角色，从文学世界的公共领域迅速向政治文化的公共领域突进，急切关注中国现代化社会变革等问题，使“五四”时期的报纸副刊很快成为现代精英知识分子的话语空间。从传统士大夫文人到都市一般市民，从学院精英人物到一般的青年学生，20世纪初期的报纸副刊的读者对象逐渐增加，涵盖了城市不同生活层面的读者。

早期报纸副刊从浓厚的传统士大夫文化气息，到以满足市民消闲、娱乐性等文化需要为编辑追求，总体发展趋向呈现出以大众读者为本位，兼顾多种城市文化形态的包容性特点，这一趋向恰恰反映出中国社会转型中文化传播的开放性。在封建专制体制下，皇权垄断了社会信息，文化传播体制处于极其封闭的状态，普通百姓根本没有分享文化信息的权利。即使分享某些文化信息，譬如说以图书传播为媒介，作为普通百姓，只能处在被教化的地位，所有的信息都在灌输封建道德及其伦理观念。近代报刊的发展，开始冲击封建皇权所控制的传播体制，它的传播对象主要是越来越多的社会大众。早期的报纸副刊编辑越来越以平等的姿态，以不同的生活层面的读者为对象，注意建构各种文化形态共存的副刊编辑形态，不仅提升了近代受众的文化主体地位，也在一定程度上促进了社会文化的开放。

早期报纸副刊演变的过程，在很大程度上得益于城市大众文化（当时的大众文化正处在萌芽状态）的滋养。撇开政治经济的因素不说，这里以上海早期大众文化的发展为个案，探讨其与早期报纸副刊演变的关系。值得注意的是，处于萌芽时期的大众文化，与这一时期的传统士大夫文化、19 世纪末 20 世纪初期的精英文化相互交织，构成了近代社会转型中城市发展的文化底蕴。上述三种基本的城市文化形态，较早出现的是依托城市聚集起来的传统士大夫文化，这是探讨萌芽时期大众文化不可回避的重要背景。

从历史地理上说，在北京成为元大都 14 年后，即公元 1291 年，上海才正式设县，到明末清初，上海县城只有 10 条狭窄的小巷，因经济繁荣，则有“小苏州”之称。[14] 这时的上海仍然是一个以农业自然经济为基础的城市，没有产生以上几种文化形态的社会基础。1843 年上海开埠后，经过了几十年的发展，半殖民地、半封建社会形态的工商业大城市已经初具规模，逐渐形成了新的城市制度和社会结构。它以不同于传统古典城市的面貌，呈现出吸收、聚拢各地文人和知识分子的能力。在近代工商业和文化产业发展的同时，也逐渐形成了早期的报人群体和职业小说家等文人群体。

在这样的基础上，形成了传统士大夫文化。江浙一带中小城镇和乡村的文人纷纷来上海从事文化出版业务，他们之中，著名的有王韬（1828—1896，苏州人，先任职于墨海书馆，后为《循环日报》主编）、袁祖志（1827—1900，浙江钱塘人，《新闻报》主笔）、董明甫（《上海新报》的助编）、蒋芷湘（《申报》主笔）、何桂笙（《申报》主笔）、钱徵（字昕伯，浙江湖州人，《申报》主笔）、陈霭亭（名言，字霭亭，广东人，《中外新闻七日报》主笔）、高太痴（约1860－1920，苏州人，后落籍上海。系《申报》主编何桂笙的门生，曾助编《申报》，又任《字林沪报》的编辑、主笔、总编纂，创办中国第一个副刊《消闲报》），以上所举都是近代著名的报人。

图5 《循环日报》的创办者王韬

中国第一代职业报人有几个共同特点：首先，他们的籍贯多系江浙等沿海一带，与西方文化接触的时间早，较早地开始改变传统观念；其次，多出身于书香门弟，科举落榜或家境破落后，他们为生计而成为报人；再次，这批报人具有较深厚的传统文化素养，且有一定的文才，如王韬、蔡尔康、高太痴均为秀才诸生，但后来科举失意，与传统文人道路决绝，到上海另谋发展。他们思想敏锐，成为洞察时代的俊杰。文人轻商是中国历代知识分子的心态，深刻影响着他们的职业选择。这批由传统文人转化而来的早期的报人，在当时的人看来不过是一群狂士。因为在都市里，他们靠自己的文化产品混饭吃，在这种意义上充当了一种商业角色。正是这样的角色，使他们突破了传统文人“谋道不谋食”的信条，获得了前所未有的自由感。但应看到，这些人是拖着传统的阴影来到城市的。他们过去以农业为主的自然经济社会基础和系统的封建文化教育，决定了他们精神视野的某些局限性，文化心理深处还有着浓厚的封建文化意识形态，同时也有一些病态的审美情趣，影响了早期报纸副刊文字编辑方式和编辑形态。

翻看早期《申报》上的副刊性文字可以发现，编辑所选择的题材多倾向于风花雪月，并多选择传统文体的正宗——诗或词进行表现。就连那些声称“劝善惩恶”的文字，也仍然摆脱不了“万恶淫为首”的传统道德价值规范，这在当时报上连载的那些狭邪小说、言情小说和社会小说里表现得非常明显。1872 年 11 月《申报》出版了《瀛寰琐纪》，其中的文艺性文字笔记多搜罗奇闻轶事，诗词多文人唱和。第一期里刊载的《和眉子曲》（琴川女子吴逸香）和《白桃花吟社唱和诗》（作者有龙湫旧隐、咏雪主人、乡仙史 、蕉梦词人 、怡红馆主、雅如女史等 24 位），内容空洞，带有文人顾影自怜的病态的审美情趣。曾经主编过上海娱乐性小报和《消闲报》的吴趼人，在他写的《二十年目睹之怪现状》里，对早期的报纸副刊有一段描写，从中可以看到当时的读者对副刊的一些反映——

> 顺手取过一叠新闻纸来，这是上海寄来的。上海此时，只有两种新闻纸：一种是《申报》，一种是《字林沪报》，在南京要看，是要隔几天才能寄到的。此时正是法兰西在安南开战的时候。我取过来，理顺了日子，再看了几段军报，总没有甚么确实消息。指引报上各条新闻，总脱不了“传闻”、“或谓”、“据说”、“确否容再探寻”等字样，就是看了他，也犹如听了一段谣言一般。看到后幅，却刊上许多词章；这词章之中，艳体诗又占了一大半。再看那署的款，却都是连篇累牍犹如徽号一般的别号，而且还要连表字、姓名一起写上去，竟有二十多个字一个名字的。再看那词章，却又没有什么惊人之句。而且艳体诗当中，还有许多轻薄的句子，如《咏绣鞋》有句云，“者番看得浑真切，蝴蝶当头茉莉边”，又《书所见》云，“料来不少芸香气，可惜狂生在上风”之类，不知他怎么都被选在了报纸上面。[15]

可以看出，当时报上所刊登的文字新闻价值并不大，而旧体诗仍有很多读者。报纸编辑只好在一些版面上刊登旧体诗，但格调不高，士大夫文人气味很浓，缺乏审美意蕴，不能真正满足一般读者的阅读期待。早期的副刊在很长时间里都刊登这些消遣类诗词，久之自然会令人生厌。但文化消费市场起着潜在的制约作用。19 世纪末，报纸连载小说增加，读者的口味为之一变。到民国初年，就连资产阶级革命党人主办的《民权报》副刊上，也刊载《玉梨魂》、《孽冤镜》等“鼻涕眼泪”小说。这些作品蕴涵着封建意识形态，传统士大夫文化对报纸副刊编辑形态的制约显而易见。

由传统士大夫转化为近代报人，为早期的报纸副刊涂抹了浓重的传统文化底色。但值得注意的是，正是他们对文化出版业的积极参与，推动了近代大众文化的发展。同时在早期报纸副刊文化的建构过程中，出现了大众文化与传统士大夫文化互相渗透的特点。近代大众文化对早期报纸副刊的影响如何，对这个问题的探讨，本文仍以上海为个案，从近代上海大众的文化素质、文化生产、文化消费市场状况进行分析。

上海发展的国际化和开放性特点，大大加快了这个城市的现代化脚步。以工商业为基础，流动人口迅速增加，形成“五方杂处”的人口居住格局，到 1910 年前夕就达到近 130 万人。[16] 有关资料表明：仅在 19 世纪 90 年代，上海就有 60% 的人粗通文字，学者文人大约占 5% ~10% 左右。妇女的文化程度高于外地，能够阅读书刊的妇女大约有 10% ~30%。这一时期，上海租界的人口接近 45 万。在清末上海租界社会，绅商和买办对市民阶层影响不大，传统士大夫文人对市民社会也无直接影响。从这种意义上说，上海的市民文化是在失去传统文化控制状态下产生的。由于政治生态的相对自由，加之市民文化消费的需求不断增加，报刊业的发展成为引人注目的行业。1901 年到 1911 年 10 年的时间里，仅日报而言，上海就增加了 30 种。[17] 民办报刊也在这一时期迅速兴起，以期刊为例，1901 年到 1911 年期间，年平均增长 6 份。[18]

这一时期的报纸所出现的办报取向值得注意：报刊编辑手段和栏目设置灵活多样，贴近百姓。过去的报纸版面刻板呆滞，民办报刊兴起后，版面大为改观。报道的内容品种多样，举凡外电摘译、时事评论、广告、文艺等等较为全面。特别是《论说》、《社说》等政论栏目，表现了报刊关注重大社会问题的编辑趋向。在编排上，一些报纸注意分栏编排，双面印刷，加大新闻标题的手段。在发行上，这些报刊逐渐以读者为本位，以文化市场为导向，依托近代城市通信设施，如邮局、民信局、书局、会馆等，通过采用商业化的运作方式，逐渐建立了民间发行网络，相对摆脱了封建政府的文化制约。方便快捷的报刊信息传播格局的形成，得益于上海文化消费市场的逐渐成熟。

当时，上海拥有其他城市所没有的文化市场资源，这就是有着各种文化背景、各种生活类型、各种审美层次、各种消费需求的市民读者群。如此环境，构成一个很大的文化消费市场，加之这一时期大众传播媒介的迅速发展，为大众文化发展造就了历史条件。20 世纪初期的报纸副刊注重娱乐性，无论是版面的处理还是内容的安排，副刊编辑多比较注意满足读者的兴趣。清末民初，报刊多刊载言情、武侠、侦探、社会小说等门类的小说。这些文学作品数量空前，被称作“十里洋场”产物，仅此类作品的出版数量就占全国出版数量的 70% 以上。[19] 通俗小说是大众文化的一个组成部分。面向大众文化消费的出版物不断增加，从一个方面说明，长期被封建文化所禁锢的大众文化开始萌芽，并逐渐扩展到人民生活的方方面面。

这一时期，上海市民的其他业余文化生活十分活跃。通过潜在的市场因素，引发了报刊等文化传播方式的连锁反应，形成大众文化市场的良性循环。这里选取晚清上海娱乐生活的个案做一些具体分析。

清末，京剧进入上海。上海以极富有活力的文化机制，使京剧获得了发展动力。首先，商业化的戏院迅速发展。由商人操作的戏剧生活完全是为了适应文化市场的需求，意味着市民大众对戏剧的影响大大超越了宫廷对戏剧的影响。晚清上海的戏剧活动以戏院为中心，打破宫廷的局限，向大众开放。对演出场所来说，营利是主要目的。晚清上海最早投资戏园的，有外商也有华商，不少戏园都采取公司制形式。戏剧的繁荣也使上海的夜生活迅速发展起来。晚清上海许多戏园虽然几易其主，但招牌依然保持。租界内的生活节奏和作息时间受外侨生活习惯的影响，晚上一般娱乐。据资料记载，“七日一礼拜，为西人休息之期。是日也，工歇艺事，商停贸易，西人驾轻车，骑骏马，或携眷出游，或赴堂礼拜。华人之居停西商者，于先一日礼拜六夜，征歌命酒，问柳寻花。戏馆、倡寮愈觉宾朋满座云”。[20]

戏馆是重要的社交场合，看戏可以满足看人和被人看的欲望。当时，上海戏园的观众主要是商人、士绅、妓女等，以后看戏的普通市民越来越多，因此看戏成为一种生活方式和生活时尚。这样的生活方式携带着一定的文化信息，迅速影响到周边地区，“洋场为众辐所趋，而各邑亦沿其弊。近各县茶坊、酒肆以及鸦片烟馆，在仿效上海，竞为靡丽，耗费财力不知凡几”。[21]在华洋杂居的上海社会，其社会风气的形成也受到了外侨的影响。最初，由于外侨人数少且分散，他们的娱乐文化生活主要是通过其俱乐部来实现，他们在那里享受和展示自己的文化和生活方式。中外戏剧的交流很早就展开了，1873年3月31日，在四马路的一座弹子房内，中国戏剧演员和外国戏剧演员同台合演中西戏剧，英国领事身穿清朝官服与一些中西官商前往观看。

到民国初年，西方的话剧、歌剧、电影、新式的歌舞、魔术等娱乐形式率先传入上海，更加促进了上海娱乐消费生活的发展，为报纸提供了大量的原始素材以及报道的内容，也直接刺激了都市以娱乐为主的小报的繁荣。《申报》、《新闻报》、《时报》的不少报道是关于上海娱乐生活方面的内容。以戏剧报道为例，一些小报对于娱乐生活的报道，还涉及对于妓女、演员的品评。早在1872年6月18日，《申报》开辟了《戏园戏目告白》栏目，刊登了丹桂茶园、金桂轩、九龙戏园的演出剧目。演员生活的逸闻趣事也常常出现在《申报》的版面上，对于扩大演员的影响发挥了很大的作用。

这一时期上海出现的娱乐性小报，特别注意刊载关于戏剧方面的新闻，可以说，小报的出现，一方面直接受到娱乐生活的影响，一方面是市民文化消费的需要。上海的娱乐小报不仅广为传播演员的生活逸闻，而且还用词章、文章吹捧演员，注重软化社会政治新闻、关注市民的生活兴趣，这些编辑方法对后来报纸副刊的编辑形态也产生了不小的影响。娱乐业为报纸提供源源不断的报道素材，报刊刻意追逐娱乐业的热点，撩拨读者的兴趣，这样更促进娱乐业的发展，进入了整个市场体系的良性循环。城市中娱乐消费文化业务的出现，正是一些娱乐性报刊生存发展的保障。城市中文化市场的繁荣，对报纸副刊的编辑产生了很大影响，民国初年和“五四”时期，一些报纸纷纷开设《剧评》、《剧谈》、《剧本》等栏目，刊载有关娱乐业的报道，北京的《晨报副刊》和上海的一些报纸副刊还南北呼应，围绕着文化启蒙问题，讨论戏剧的改革，以及如何开展健康丰富的娱乐活动等大众性的话题。

综上所述可以发现，在中国近代社会转型过程中，城市经济的繁荣造就了新的市民阶层，而文化娱乐产业的发展、文化传播技术手段的进步，又为市民阶层创造所需要的文化产品提供了条件。这一时期，处于萌芽状态的大众文化的雏形初步显露：在对象上注重社会大众性，在传播内容上注重日常生活性和娱乐消费性，在市场意义上注重商业盈利性，在意识形态上注重思想观念的强烈渗透性。

这一时期的报纸副刊，在某些方面也包容了萌芽时期的大众文化，这是因为：生活节奏紧张和居住拥挤的城市市民，自然产生一种与乡村社会不同的文化需求和审美趣味。闲暇之余，寻求宣泄，成为初期大众文化消费的基本动机。这样，报纸副刊的城市血缘也决定了它无法回避大众文化消费的需求，于是，传统文人的社会责任感和商业性的追求就发生了矛盾，造成副刊文化传播在两个不同的衡量指标下徘徊：一方面，报纸副刊是一种商品，它需要打开市场吸引读者，自然以市民的审美趣味为指向，“食”、“色”、“性”这些大众文化的题材成了报纸副刊反复言说的话语。而副刊上连载的小说，常常被出版商看好，在适当的时机结集出版，以牟取商业利润。另一方面，报纸副刊又是一种精神产品，需要塑造一定的文化品位。

早期报人高太痴主编的《字林沪报》“附张”《消闲报》，办报之始，急需拥有一批城市读者，编辑的文字注重娱乐性，声称阅读此报，可以“一篇入目，笑口常开。虽非调摄精力之方，要亦可为遣闷排愁之助也”。[22]强调这张报纸是市民的消闲读物，其功能是“遣愁，排闷，醒睡，除烦”。[23]因此，该报前期娱乐性色彩浓厚。1900 年以后，随着资产阶级民主报刊的发展和信息传播，人们对国家时局比较关注。《消闲报》一改过去的编辑方法，关注时事政治问题，用诗歌、戏剧文、小说、杂谈等形式，讽刺和揭露清政府的腐朽。之后，一些报纸副刊自觉地贴近时代，面向读者，注重塑造雅俗共赏的副刊编辑形态。

1904 年 2 月 8 日，《时报》大力改进编辑业务，增设《文艺栏》作为专门版面，刊登文艺作品，此栏目包括《小说栏》、《书评栏》、《诗词栏》、《美术栏》、《笔记栏》、《海外珍闻》等栏目，还经常刊载连载小说，很受当时读者的欢迎。少年时代的胡适曾是该报副刊栏目的读者，他后来回忆——

《时报》在当日确能引起一般少年人的兴趣。中国报纸登载小说大概最早的要算徐家汇的《汇报》，那时我还没有出世呢。但《汇报》登的小说一大部分后来汇刻为《兰苕馆外史》，都是《聊斋》式的小说，没有什么影响。戊戌以后，杂志里时有著译的小说出现。专提倡小说的杂志也有了几种，例如《新小说》和《绣像小说》。（商务）日报中只有《繁华

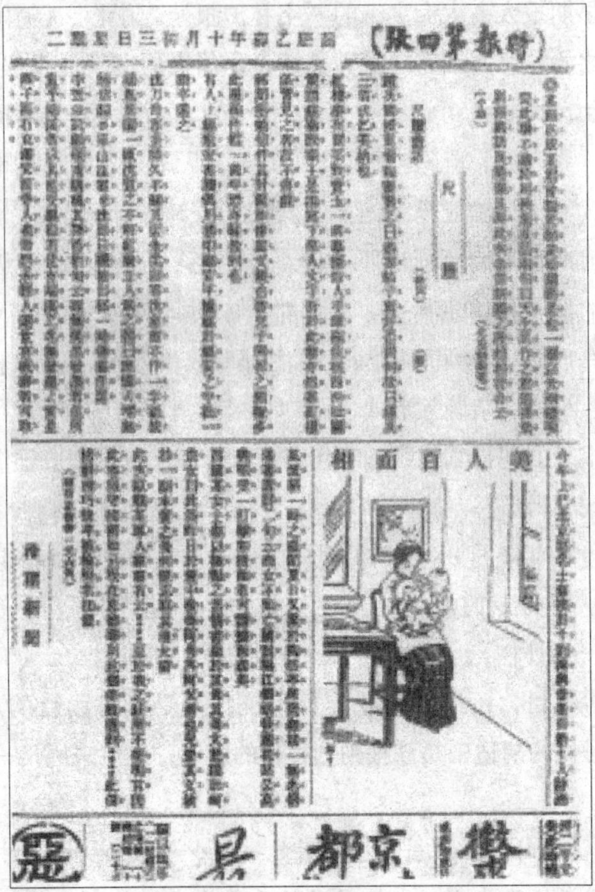
時報第四張
美人百面相

图6　《时报》第四张文艺副刊

报》（一种花报），逐日登载李伯元的小说。那些“大报”好像还不屑于做这种事业（这一点我不敢断定），我那时年纪太小，看的报又不多，不知《时报》之前的大报有没有登小说的。那时的几个大报大概都是干燥枯寂的，他们至多不过能做一两篇合于古文义法的长篇论说罢了。《时报》出世以后，每日登载“冷”或“笑”译著的小说，在当时译介中确要算是很好的译笔。他有时也做一两篇短篇小说，如福尔摩斯来华侦探案等，也是中国人做新体短篇小说的一段历史。《时报》登的小说之中，《双泪碑》最为风行。但依我看来，还应该是那些白话译本为最好。这些译本如《销金窟》之类，用很畅达的文笔，很自由的翻译，在当时最为适用。倘《几道山恩仇记》（Count of Monte Eristo）全书都能像《销金窟》（此乃《恩仇记》的一部分）这样的译出，这部名著在中国一定也会成了一部“家喻户晓”的小说了。《时报》当时还有《平等阁诗话》一栏，对于现代诗人的绍介，选择很精。诗话虽不如小说之风行，也很能引起许多人的文学兴趣。我关于现代中国诗的知识差不多都是先从这部诗话里引起的。[24]

由此可见，报纸副刊的价值和意义逐渐为人所认识。梁启超鼓吹“欲新一国之民必新一国之小说”，在世纪之交的报纸副刊上有了令人欣慰的回应。这一时期，许多报纸都以副刊为媒介，大量刊登“新小说”，并逐渐成了副刊主要的文学样式。到了民国时期，以郑贯公主办的《广东日报·无所谓》等报纸副刊对应着时代的变动，巧妙“软”化处理政治话语和意识形态，把握读者兴趣的变化，使更多的民间话语形式进入报刊，成为继《时报》之后一些报纸副刊编辑的基本方式。一些资产阶级革命报人创办的副刊上，还开设了民间歌谣、班本等栏目，在内容上博采百家，文体上丰富多彩，报纸副刊成了酝酿革命思潮的园地。到了新文化运动时期，以文化启蒙为指向的精英文化迅速向报纸副刊渗透，为早期报纸副刊建构了一道亮丽的文化景观。

第三节 精英文化与早期报纸副刊编辑形态的建构

中国早期报纸副刊的发展与近代精英文化发育和成熟有着密切关系，这里有必要分析近代精英文化的发育过程。从社会学的视角看，近代大都市发展为精英文化孕育提供了环境，以上的分析已经涉及这个问题。从历史的视角看，中国近代的社会政治危机和民族危机直接刺激了精英文化思潮的涌动。从文化学的视角看，西方近现代文化和中国传统文化的精髓为近代精英文化的发育提供了丰富的精神资源。

关于中国传统文化对精英文化的影响，本文将在第二章里结合早期编辑主体的形成详细分析。为考察精英文化与早期副刊编辑形态之间的内在联系，这里先重点分析西方文化对近代精英文化发展所起的作用。

西方文化本质上说是一种现代城市文化，或者说，只能在城市才能扎根开花的文化。近代社会转型中出现的城市，已经逐渐拥有了先进的文化传播和接收条件，这种文化是随着外国报纸的传播方式和传播内容进入中国的。鸦片战争以前，传教士马礼逊等在澳门、广州等地编辑、出版中外文报刊，近代意义上的报纸开始在中国出现。五口通商以后，上海开始有报纸，随后迅速发展。到 1911 年之前，在中国境内出版的 136 种外文报刊，其中 54 种在上海出版，如《北捷华报》、《字林西报》等，约占全国外文报刊出版量的 40%。1911 年前，上海出版过的中文报刊有 460 多种，占全国中文报刊出版量的 24.24%，[25] 报刊的品种和发行量均居全国之首。早期比较有影响的主要有《遐迩贯珍》、《六合丛谈》、《万国公报》等外

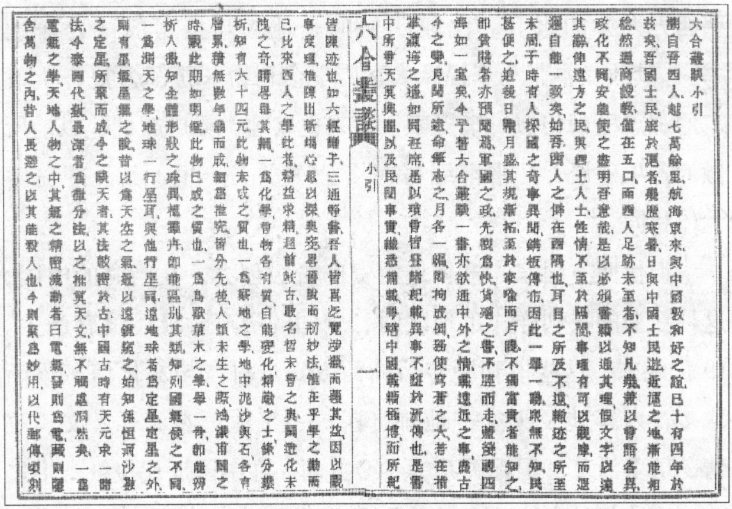

六合叢談小引

粵自西人越七萬餘里，航海東來，與中國敦和好之誼，已十有四年於茲矣。吾國士民，旅於滬者，幾歷寒暑，日與中國士民遊，近滬之地，漸能相悉，然通商設教，僅在五口，而西人足跡未至者，不知凡幾，兼以言語各異，政化不同，安能使之盡明吾意哉。是以必須書籍以通其理，假文字以達其辭，俾遠方之民，與西土人士，性情不至於隔閡，事理有可以觀摩，而遐邇自能一致矣。如吾西人之僑在西隅也，耳目之所及，不過轍跡之所至，未周。于時有人探國之奇事異聞，鐫板傳布，因此一舉一動，衆無不知，興甚便之。迨後日積月盛，其規漸拓，至於家喻而戶曉，不獨富貴者能知之，即貧賤者亦預聞焉。軍國之政，先覩爲快，貨殖之書，不脛而走，靈識四海如一室矣。今予著六合叢談一書，亦欲通中外之情，載遠近之事，盡古今之變，見聞所逮，命筆志之，月各一編，罔拘成例，務使穹蒼之大，若在指掌，瀛海之遙，如同衽席，是以瑣碎皆登，巨細畢載，異事不遺於流傳也，是書中所言天算輿圖，以及民間事實，纖悉備載，尋稽中國，載籍極博，而所紀皆陳迹也，如六經諸子、三通等書，吾人皆嘗覽涉，而稽其盛，因以觀事度理，惟陳出新，竭心思以探奧突，悉審觀而剏妙法，惟在乎學之勤而已。比來西人之學此者，精益求精，超前軼古，最名哲未曾之奧，闡造化未洩之奇，請略舉其概，一爲化學，言物各有質，自能變化，精識之士，條分縷析，知有六十四元，此物未成之質也。一爲察地之學，地中泥沙與石，各有層累，積無數年而成，細爲推究，皆分先後，人類未生之際，鴻濛甫闢之時，觀此期如明燭，此物已成之質也。一爲鳥獸草木之學，一骨，即能辨析入微，知全體形狀之殊異，植物亦能區別其類，知列國氣候之不同。一爲測天之學，地球一行星耳，與他行星同，遶地球著爲定星，定星之外則有星氣，星氣之說，昔以爲天空之氣，近以遠鏡窺之，始知係恆河沙數之定星所聚而成，今之談天者，其法較密於古，中國古時有天元求一等法，今泰西代數，最深奧者爲微分論，以之推算天文，無不闡處洞然矣，一書電氣之學，天地人物之中，其氣之精微流動者曰電氣，發則爲電，藏則隱含萬物之內，昔人畏避之，以其能殺人也，今則聚爲妙用，以代郵傳，頃刻

图 7　《六合丛谈》版面

国传教士主办的报纸。撇开负面的因素不说，早期外国传教士主办的报刊注重结合中国时事问题，介绍有关的西方文化，输入有关“科学”与“民主”的思想。如《中国教会新报》(1868年创刊于上海，1894年9月出301期时改为《万国公报》)，先后译载了培根的《格致新法》、韦廉臣的《格物探原》、慕维廉的《格致新学》和林乐知的《格致源流说》，同时介绍的还有物理学、天文学方面的知识，如叶芝圃的《电报节略》、慕维廉的《天文地理》、丁韪良的《彗星论》、韦廉臣的《星学举隅》与《天文图说》，林乐知的《译民主国与各国章程及公议堂解》、海滨逸民的《论泰西国政》等著作先后被刊登出来。这些知识在祈望改革的知识分子中影响很大。梁启超为维新变法办报初期，所撰写的不少文章，主要得益于这些西方人办的报刊。比较明显的是他参与撰写的《公车上书》，其改良主张与李提摩太在广学会刊物《万国公报》上发表的观点极为相似。李提摩太后来也发现，梁启超把他以前所做的各项建议，几乎都缩写在《公车上书》里，其思想见解大体相同。[26]

近代西方国家，报刊是由资产阶级创办。在当时的中国，这种新型的报刊样式出现之时，中国的资产阶级还没有产生。19世纪末，这些报刊所传播的西方先进科技与文化信息逐渐增多，内容涉及天文、地理、医疗、工业、农业、人文、政情、历史沿革、国际关系等各个方面。在中国近代报纸产生之前，连清朝最高统治者对世界都一无所知，一般文人和广大人民也处于封建思想的禁锢之中，外国报纸所传播的“资产阶级文化思想，是比封建文化思想要进步得多的意识形态”。[27]这些思想冲击着中国近代早期文人的传统观念，具有一定的启蒙作用，不仅促进了近代早期中国传统文人思想观念的转换，也使单一的封建知识分子群体产生了分化，一部分成为保守封建传统文人，一部分觉醒者成为资产阶级知识分子，并逐渐转化为精英文化的代表人物，这是近代中国社会转型中出现的一种积极活跃的文化力量。而过去，传统文人的价值取向偏重于“始乎诵经，终乎读礼；始乎为士，终乎为圣人”[28]的古训，读书做官才是他们的最高理想。

当这些报刊打开一扇瞭望世界风景的窗口的时候，这群近代传统文人终于从“天朝大国”的梦中醒了过来，林则徐、魏源等为代表的早期知识分子提出了“师夷长技”、“夺彼所长，益吾之短”的主张。在他们的著作中，大量使用了外报提供的知识。洋务派积极引进西方应用技术，办船政、办企业、造枪炮、翻译书籍，对中国近代化的起步产生了积极的作用。康有为、梁启超等维新派人士，更注重学习西方文化，强调西方民主政治和国家制度的优越性。“1882 年康到上海，第一次接触到《万国公报》，第二年开始订阅，成为该报的热心读者。经过对这些书刊的潜心攻读，他的思想遂‘日新大进’。后来他在万木草堂，又把《西国近事汇编》、《万国公报》作为弟子的自学材料”。[29]之后，康有为、梁启超领导的中国资产阶级的改良运动，推进了中国文化现代化的进程。

近代精英知识分子群体是营造精英文化的主体。他们的产生，得益于近代城市所提供的社会基础：从 19 世纪中叶以后，

图 8 1900 年 2 月《万国公报》封面

上海以优越的地理位置和发达的工商业经济环境，成为新型士大夫聚集之地。那些具有强烈变革思想的知识分子如冯桂芬、王韬、郑观应、康有为、张涣伦、梁启超、蔡元培、陈独秀等，几乎都有过在上海的经历。到 19 世纪末，上海拥有全国数量最多的中外报刊、历史最悠久的图书出版机构广学会和江南制造局翻译馆、规模和影响最大的中文出版社商务印书馆，成立了有着各种政治倾向和专业学术背景的学会，还有众多的新式学校等，这一切为新型知识分子的文化政治活动提供了宽广的环境。他们以报刊、学校、学会为阵地，经常讨论与民族救亡、文化启蒙和社会变革相关的问题。这些问题涉及未来新型的民族国家的建构和传统制度的改革，从一开始就表现出明显的政治性质。这种精英文化的思想特质直接影响着以后报纸副刊文化的建构。如 20 世纪初，以梁启超、严复为代表的早期改良主义者，发起了小说界革命，目的是借助于报刊传播媒介和小说这种通俗文学方式，造就一批有利于社会发展的“新民”，即从政治上唤起民众，其思想内核就是文化启蒙和民族救亡。梁启超认为，“在昔欧洲各国变革之始，起魁儒硕学，仁人志士，往往以其身之经历，及胸中所怀之议论，一寄之于小说”，他认定“欲新一国之民，不可不先新一国之小说，”“小说为国民之魂”。[30] 1898 年 12 月，梁启超在日本编辑的《清议报》专门辟出栏目，刊登一些政治小说。之后，资产阶级革命报人办的报纸副刊，不断刊载一些“鼓荡民气”的小说，很受读者欢迎。但梁启超所设计的新小说浪潮，并没有按照他的设想走下去。

辛亥革命之后，上海的一些报纸副刊成了鸳鸯蝴蝶派文学的园地，意味以大众兴趣为编辑指向，很快偏离了既定的文化启蒙方向。一些娱乐性小报，甚至一些大报副刊，不仅刊登品位低劣的小说，还刊登了一些反映妓女生活的照片、文字。在这个过程里，报纸副刊又一次凸现出它的娱乐性特点。新文化运动兴起之后，深受西方思想影响的知识分子不断加入到报刊编辑队伍中，在社会变革中扮演了启蒙者的角色，副刊的文化形态才有了彻底的改观。

总的来看，在 20 世纪之初，深受西方文化影响的这批知识分子所办的报纸，其栏目设置与版面编排灵活多样。过去，中国人办的报纸由模仿外报而起步，当时“开报馆者，惟以牟利为目标；任笔政者，惟以省事为要诀”。[31] 版面设计简单粗糙，刻板呆滞。而 20 世纪之交的报纸，面目从整体上大为改观，新闻报道、外报摘译、时事点评、谭丛说荟、广告文艺等，一应俱全。从版面编排上看，《中外日报》采取分栏编辑、双面印刷。之后，上海各报积极探索版面的创新，纷纷置备各号字模以及各种符号，分别内容轻重，或参用大小字样，或于“发论精当、时论绝要之处”施加圈点，既给读者以提示，又借以表明报刊自身的倾向性。[32] 1904 年《时报》创刊后锐意改革，为满足读者的要求，该报专门辟出“附张”，设立小说专栏，以刊载翻译小说为主，要求刊载的小说不仅要“有益于社会”，还要发挥“开风气”的作用。

在某种程度上，近代上海的精英文化是在市民文化土壤发育起来的，同时也是文化商品市场造就的。而在这一时期，清王朝政治统治中心的北京，城市发展相对缓慢，在一定程度上，还保留着古典城市的特征：更多地体现出军事的、政治的城市职能。加之专制政权下的言论控制，不可能产生活跃的文化市场和文化消费机制，不可能成为近代知识分子发展的理想空间。1908 年，北京人口大约 70 万左右，其中，不从事生产的旗人和各级官僚约有 28 万。[33] 梁启超描述当时的官员和文人“饱食以待升转，终日无所事。即不读书，也不办事，堂堂岁月，无法消遣。乃相率自湛于看花饮酒，诗钟射覆，弹棋六博，征歌选舞，以为度日之计”。[34] 随着清王朝被推翻，北京作为政治中心的地位被颠覆。原有的城市功能逐渐消失，并以较大的步伐，开始了它的现代化进程：有了新型的新闻纸，办起了新型的杂志、书店和出版社，以新式教育为主的新式大学不断出现，凝聚了全国各地的有着各种背景的文化精英，出现了各种各样的文人团体和各种各样的政党，展现出向现代城市过渡的趋向，作为古都的深厚的文化资源和文化魅力逐渐显露出来。1917 年，陈独秀创办的《新青年》迁到北京，围绕这个杂志的一批文化精英也纷纷来到北京，聚集于北京大学。新文化之树在深厚的传统文化土壤上迅速生根开花，以致北大成了日后新生活方式的发源地，成了向全国辐射的新文化的传播中心。

这一时期，中国社会的文化价值系统经历了一场大变革。专业知识分子所创造的学术文化，通过报刊传播到大众中。报

图 9　《新青年》杂志第二卷第一号

纸特别是副刊的编辑充分挖掘利用精英文化资源，力图建构规范社会群体的文化价值观念，由此引起了报纸副刊的编辑形式及其文化形态革新。特别是在新文化运动的初期，李大钊、陈独秀、胡适、高一涵、刘叔雅、谢无量、马君武、吴稚晖、鲁迅、周作人、章士钊、刘半农、钱玄同等文化精英人物的参与，为报纸副刊注入了“民主”和“科学”的精神内涵。李大钊、孙伏园、张东荪、邵力子等著名报纸副刊编辑，凭借灵活的编辑方式，巧妙地处理副刊的政治、文化、学术话语，力图拆除学院精英与社会大众之间的“围墙”，以副刊为文化传播方式，在文化精英和平民大众之间建立了一条精神通道。《时事新报·学灯》、《晨报副刊》等顺应时代文化潮流，注重传播新知识，输入新思想，将文化精英的“启蒙”话语传播到不同的社会层面，其所传播的文化价值观念，为那个时代营造了一种新的“现实”，由此而来的“打倒偶像，重估一切”的时代风气，中国传统社会中存在的问题因此被凸现出来。从这种意义上说，这一时期的报纸副刊，成了文化精英和社会大众共同参与文化建设的话语空间。

考察这一时期报纸副刊变革的原因，还应该把目光聚焦在“五四”新文化运动所高举的两面旗帜——“民主”与“科学”，这就是当时报纸副刊文化面貌迅速变革的根本所在。当时被称为“赛先生”的“科学”，在那个时代注重的是一种科学精神，或者说是一种理性精神。有了科学的精神、理性的精神，就有了观察现实和对待世界的清醒态度，就有了对于传统的怀疑、批判和独立思考能力，就有了睁眼看社会问题的勇气，因而“科学”意识代表了一种觉醒。科学精神和科学意识在中国的出现，如一道曙光，扫荡着中国社会转型期的黑暗残余，扫荡着中国的愚昧和迷信。从这个侧面看，科学精神的张扬为报纸副刊的生长发育提供了一种适宜的思想气候，是副刊文化形态转型的前提。对于副刊的编辑而言，科学精神不仅影响他们的编辑思想，也直接影响着副刊编辑方式。

著名的报纸副刊编辑孙伏园的编辑思想很有代表性。他认为“大战了以后，无论在世界还是在中国，人们心中都存着一种怀疑，以为从前的生活途径是瞎碰来的，此后，须得另寻新知识，作我们生活的指导”，因此主张利用报纸副刊作为变革社会、改良人生的试验场。举凡当时出现社会方方面面的问题，如女子受教育权问题、教育改革问题、妇女解放问题等等，一些报纸副刊大多热烈地关注和讨论过这些问题。无论是在编辑追求还是在副刊文本形态方面，都贯彻了民主与科学的精神，表现了对社会问题的真诚而执著的研究态度，同时也表现了编辑与作者探求社会变革出路的热情。这种办刊精神，对以后报纸副刊的发展产生了积极的影响。孙伏园、张东荪、宗白华、邵力子等一批著名的报纸副刊编辑，虽然办刊的风格有所不同，思想主张也有差异，但立足于“科学”精神办刊的指向大致相同。

“五四”时期与科学并列的另一个文化主题是“民主”。“民主”一词在中国的出现，最初带有鲜明的针对性和战斗性，直接指向封建专制和儒教文化传统，因而是一个政治的概念。新文化运动时期，“民主”一词被赋予了丰富的个人主义和人道主义的内涵。成了观察现实、评判社会问题的一种尺度。在报刊传媒的推动下，“民主”成了一种时代思潮，对副刊传播文化形态的建构产生了深远的影响。1919 年，胡适把当时报纸副刊发表的文章加以概括，发现都在关注相同的问题：“（1）孔教问题，（2）文学革命问题，（3）国语统一问题，（4）女子解放问题，（5）贞操问题，（6）礼教问题，（7）教育改良问题，（8）婚姻问题，（9）父子问题，（10）戏剧改良问题……”[35]胡适认为，在专制制度下，这些问题是不能成为问题的，有了民主的思想武器才发现这些问题的严重性。“五四”时代的“民主”意识也直接影响了副刊文本的建构，以北京《晨报副镌》和上海的《民国日报·觉悟》为代表的报纸副刊，形成了南北呼应的阵势。无论是对社会下层问题的关注，还是对新的生活方式的探求，特别是对婚姻问题的思考，都深深打上了民主思想的烙印。就连南方“鸳鸯蝴蝶派”文学的报纸副刊，也有相当浓郁的人文主义色彩。

从“五四”新文化运动时期报纸副刊编辑方式和文化形态来看，精英文化思想的影响无疑是一个重要因素。以《晨报副镌》为例，由于文化精英人物的参与，大量的翻译介绍西方文化，使副刊自觉充当东西方文化交流的“中介”角色。当时的报纸副刊上，不仅辟出专门栏目，大量刊登有关外国新思潮的文章，还以专版编辑的方式介绍西方近现代文化思想。在民主思想的影响下，当时的报纸副刊超越自己的新闻文化传播职能，于社会变革中，表现出一种浮躁凌厉的激进角色。一些副刊编辑在栏目和版面的定位上，常常开辟《通信》、《论坛》、《讨论》等栏目，展开对社会文化热点问题的争鸣，营造现代知识分子和市民大众参与的“想象社区”。在以报纸副刊为媒介的“社区”中，通过议题设置，编辑对于大众采取思想引导、平等交流、民意测验和公开讨论等方式（必要时，学院文化精英作为意见领袖介入其中），讨论时代变革中所涉及的问题，以编辑和读者之间的“互动”创造副刊的特色，其目的是寻求与大众的联系，将民主思想灌输到大众中去。

值得注意的是，“五四”时代的报人已经认识到民意是公共权力存在的基础，这种观念凭借副刊媒介的形式，为大众所关注。副刊编辑的动机是：将文化精英的思想渗透到社会文化心理和政治制度层面中去，并力图在政治层面建构公民意识和国家意识形态，在文化思想层面推动启蒙进程。

“五四”时期报纸副刊的编辑方式及其文化形态，可以看作是中国报纸副刊对精英文化的自觉选择和接受。另一种以《申报·自由谈》和《新闻报·快活林》为代表的报纸副刊，则更多地受到城市大众文化的左右，成为“鸳鸯蝴蝶派”文学的大本营。这样的副刊编辑方式和所呈现的文化形态，所承担的并不是文化启蒙者的角色，而是以市民文化消费为指向，因此遭到了“五四”时期精英知识分子的批评。但我们也不能低估这类报纸副刊的历史贡献，因为以娱乐为指向的报纸副刊同样对封建意识形态起到了一种消解的作用。当然，如果剖析这些报纸副刊的编辑形态和文化形态，可以发现其中还带着许多旧观念、旧趣味及旧的形式。如果历史地分析就会发现，这些报纸副刊为以后中国报纸副刊之后的发展也创造了一种崭新而奇异的氛围，开辟了一片市民文化娱乐的新天地。

这一时期，北京和上海两大城市虽然存在着明显的差别，但大体处在一种共同的文明进程中，总体发展趋向是一致的——在中国近现代社会转型期，以北京和上海为代表的大城市都处在新旧冲突之中。在传统城市留下的文化背景上，它们都与时俱进地生长着现代观念，同时催生着现代生活方式。与北京相比，上海特定的地理位置和文化优势使现代性生长得更充分一些。从生活层面看，"现代性"体现为一种实际的生活态度；而在北京，现代性多体现为主体性的观念的形态——存在于一些新兴的文化机构和现代大学中。反映在报纸副刊上，北京的报纸多重视文化革命和思想启蒙，多致力于"国民性"的改造；而上海的一些报纸副刊，比较注重市民的文化娱乐，这些报纸副刊在清末民初成为"鸳鸯蝴蝶派"文学的大本营。即使后来受新文化影响的《时事新报·学灯》和《民国日报·觉悟》等报纸副刊，也比较关注具体的学术研究和实际的社会问题。从宏观上看，北京和上海的文化发展呈现出互相对流、优势互补的趋势。表现在报纸上，以新文化运动初期的报纸副刊为例，北京《晨报副镌》上刊登的文章常常被上海的报纸副刊刊载，《时事新报·学灯》和《民国日报·觉悟》副刊提出的问题也常常引起北京报纸副刊的热烈讨论，譬如妇女问题、农村改造问题、新学制的问题等等，这些从一个侧面证明了两个城市的报纸副刊在文化态度上的共同性。

注释：

［1］童兵：《理论新闻传播学导论》，北京：中国人民大学出版社，2000年版，第10页。

［2］马克思、恩格斯：《马克思恩格斯全集》第46卷（上），北京：人民出版社，1979年版，第104页。

［3］费正清等主编：《剑桥中国晚清史》下卷，北京：中国社会科学出版社，1993年版，第491页。

［4］罗兹·墨菲：《上海——现代中国的钥匙》，转引杨东平：《城市季风》，北京：东方出版社，1995年版，第3页。

［5］数据参考熊月之等编的《上海通史》（上海：上海人民出版社，1889年版）相关内容。

［6］同上。

［7］同上。

［8］蘧园：《负曝闲谈》，转引杨东平《城市季风》，北京：东方出版社，1995年版，第50页。

［9］颐安主人：《沪江商业市景词·报馆》第二卷，1916年版，第27页。

［10］《报馆晨卖报之拥挤》，《图画日报》第163号。

［11］郑逸梅：《艺林散叶荟编》，北京：中华书局，1995年版，第611页。

［12］戈公振：《中国报纸进化之概观》，1927年《国闻周报》第4卷第5期。

［13］1897年11月，《消闲报》第二号《释消闲报名之义》。

［14］资料来源于杨东平《城市季风》，北京：东方出版社，1995年版，第4页。

［15］吴趼人：《二十年目睹之怪现状》，第八回。

[16] 邹依仁:《旧上海人口变迁的研究》, 上海: 上海人民出版社, 1980 年版, 第 91 页。

[17] 数据来源于胡道静的《上海的日报》, 载杨光辉等编《中国近代报刊发展概况》, 北京: 新华出版社, 1986 版。

[18] 据上海图书馆编《中国近代期刊目录汇编》(上海: 上海人民出版社, 1980 年版) 中的资料。

[19] 据袁进《鸳鸯蝴蝶派》一书的资料 (上海: 上海书店出版社, 1994 年版)。

[20] 据《松江府志》(江苏广陵古籍刻印现状影印本, 1988 年版) 中记载的资料。

[21] 据《松江府志》(江苏广陵古籍刻印现状影印本, 1988 年版) 中记载的资料

[22]《释〈消闲报〉名之义》,《消闲报》第二号, 1897 年 11 月。

[23]《沪报附送〈消闲报〉启》, 转引冯并:《中国文艺副刊史》, 北京: 华文出版社, 2001 年版, 第 84 页。

[24] 胡适:《十七年的回顾》, 转引戈公振:《中国报学史》, 北京: 三联书店, 1986 年版, 第 143 - 144 页。

[25] 资料来源于熊月之等编的《上海通史》(上海: 上海人民出版社 1889 年版) 中的相关内容。

[26] 梁启超:《大同译书局叙例》, 见《饮冰室合集 · 饮冰室文集之二》, 第 58 页。

[27] 方汉奇主编:《中国新闻事业通史》(第一卷), 北京: 中国人民大学出版社, 1992 年版, 第 241 页。

[28] 荀子:《劝学》。

[29] 方汉奇主编:《中国新闻事业通史》(第一卷), 北京: 中国人民大学出版社, 1992 年版, 第 446 页。

［30］梁启超：《译印政治小说序》，《清议报》第一册，1998 年 12 月。

［31］《本社广告》，《警钟日报》，1904 年 2 月 26 日。

［32］《本报大改良》，《苏报》，1903 年 3 月 1 日。

［33］《北京史》，北京：北京出版社，1985 年版，第 356 页。

［34］同上。

［35］胡适：《新思潮的意义》，《胡适文集》，北京：燕山出版社，1995 年版，第 46 页。

第二章　早期报纸副刊编辑主体的形成

第一节　传统文人社会身份的革命

自第一张完整形态的报纸副刊《字林沪报》出现，到新文化运动时期报纸副刊的革新，其间，出现过许多从事过报纸副刊编辑的人。按大致的时间顺序，可以开出一个长长的名单：高太痴、吴趼人、李伯元、蔡尔康、郑贯公、陈去病、包天笑、严独鹤、陈蝶仙、王钝根、吴觉迷、周瘦鹃、陈冷血、毕倚虹、张东荪、宗白华、俞颂华、郑振铎、李石岑、潘光旦、邵力子、陈望道、李大钊、孙伏园，等等，本文把这群从事过副刊编辑的报人作为编辑主体，考察在中国近代社会转型中报纸副刊编辑主体的形成过程，以及编辑主体与副刊编辑形态演变的内在联系。

副刊编辑主体是一个历史概念。在中国古代，没有报纸副刊，也不可能有副刊编辑主体。副刊编辑主体是随着近代中国社会的转型、报刊业的发展，在不断探索报纸编辑业务的过程中逐渐形成的。按照马克思主义认识论的观点，所谓主体，就是指具有思维、认识能力的从事社会实践活动的人。而副刊编辑主体，也可以说是在报纸编辑实践中，具有一定的编辑创造能力、审美认识能力的从事副刊编辑的人。从这种意义上说，副刊编辑也是一个发展的概念。在早期报纸编辑业务发展过程中，副刊编辑从不固定到固定，其主体从无到有。编辑的人格素质、思想观念、审美追求、编辑手段也不断地由传统性向现代性转变。而这样的转变伴随着他们艰辛的生活道路和复杂的心路历程，引发了一场前所未有的身份的革命。也正是这次身份革命，他们找到了相对宽松的自由发展环境和广阔的创造空间。

这次身份革命的发生地是在大城市。在近代中国社会转型中，城市具有两重意义：一是地理的意义，二是时间的意义。在这两重意义中，时间意义比它的地理意义更突出。近代城市以它新的文化观念和新的生活方式，成为时间进化的里程碑。而同一时间维度上的广大的乡村，则在一定的意义上象征着中国传统而古老的历史状态。中国现代早期的报人的前身多是生活在乡村或中小城镇的传统文人。当这些人进入城市的时候，他们也从一个传统而古老的时代，一下子进入了一个新的时代。事实上，19 世纪与 20 世纪之交的城市报业，成为了一群陌生外来闯入者的天下。从某种意义上说，他们的生活经历及其现实生存环境包含着丰富的时代内容。

中国早期大都市中的报纸副刊编辑和其他报人一样，虽然是幸运儿，但也历经艰辛，他们在近代中国社会转型的过程中，多数人较早接受了西方先进的文化思想，对社会的变革相对敏感，因此放弃当时仍为社会所认可的价值观念，自觉决绝于由“士”而“仕”的传统文人道路，到大城市寻求个人新的发展道路。经过一段时间心灵的转换，以及与城市环境中各种社会关系的互相磨合，他们成了一群拥有自由选择职业能力的城市“新人类”，其副刊编辑生涯就是在城市环境中开始的。岁月沧桑，这群人在大城市中挣扎、奋斗，生活如不断翻滚的波涛一样，时而把他们卷入海底，时而又把他们拖到水面，其心路历程已非今人能够体味。但通过他们留下的资料，我们可以发现这群人当时的基本处境。当时，在社会中上层人士看来，办报并非正路，因此对早期的报人抱有普遍的歧视心理。中国新闻史研究的开拓者戈公振在《中国报学史》一书里，曾记载一则晚清的逸事：上海报纸发表了反对左宗棠向洋商借款的言论，左宗棠在给友人信里谈“江浙无赖文人，以报馆主笔为之末路”。这些语言不仅流露出对早期报人极其鄙视的态度，同时也反映了当时普遍的社会心理。即使在上海，人们仍然“认报馆为朝报之变相，发行报纸为卖朝报之一类。(卖朝报为塘驿杂役之专业，就邸抄另印以出售于人，售时必以锣随行，其举动颇猥鄙，而所传消息，亦不可尽信，故社会轻之，今乡僻尚有此等人。)”[1]

这群人来到大城市寻求新的职业，并没有马上得到城市的认同，他们的生活环境相当艰苦。以《申报》为例，在初创时期，报人的收入勉强生活，连报社的主要骨干，如总主笔、主笔，收入最高的也不过每个月40元。至于生活条件，就居住环境来说，“申报房屋本甚敝旧，惟西人办公处尚轩爽洁净。若吾辈起居办事之室方广不逾寻丈，光线甚暗。而寝处饮食便溺等等，悉在其中。冬则寒风砭骨，夏则炽热如炉。最难堪者臭虫生殖之繁，到处蠕蠕，大堪惊异，往往终夜被扰不能睡眠。馆中例不供膳，每日三餐或就食小饭肆，或命仆人购餐于市肆。”[2]条件较好的《申报》尚且如此，其他报纸的生活环境可想而知。

再看办报。早期报人的办报活动充满着艰辛。以《消闲报》的编辑为例，可以发现首创报纸副刊之艰难。《消闲报》曾经刊登两条启事，其一说：“沪报馆所设诗钟社第一集，系高太痴先生当社。本拟于是月初三截卷。因连日先生兼操本报笔政，忙冗异常，无暇他顾，故展缓至望日截卷。”其二说：“唯仆馆务匆忙，苦乏暇晷。寻常友朋招饮，必至晚十点余钟，始克追陪。”从中可以大体了解早期副刊编辑的情景：副刊编辑除忙于应酬繁杂的编辑事务外，还要亲自动手写文章。《消闲报》前100期的头条文章里，高太痴撰写的就有30多篇，吴趼人撰写的有8篇。高太痴后来转入商界，不善经营，以致死时很悲惨。早期著名报人孙玉声这样记载：“惜寒士无寸蓄，易箦后几不能治丧，赖中英药房资助之。厥后其家属搬迁，与友辈不通闻问矣！”[3]高太痴，字莹玉，苏州人，后落籍上海。系《申报》主编何桂笙的门生，曾助编《申报》，又任《字林沪报》的编辑、主笔、总编纂，创办中国第一个具有完整编辑形态的报纸副刊——《消闲报》。再看《消闲报》的另一个编辑吴趼人（1866—1910），名沃尧，字小允，又字茧人，后改为趼人。祖籍广东南海佛山镇人。因祖父官于京师，父随侍任所，17岁时，父亲亡于浙江巡检任所。1883年，18岁的吴趼人离家来到上海，曾在茶馆做伙计，后又至江南制造局干抄写工作，月薪微薄。戊戌变法前，他开始为报刊撰文。从光绪二十三年（1897）起，五六年间，先后主笔《字林沪报》副刊及《采风报》、《奇新报》、《寓言报》。高太痴和吴趼人都出身于书香之门，在他们来上海之前，科举道路恐怕不曾不吸引他们。但到了上海后，生活道路发生了逆转，文化商业活动把他们纳入了一个新的社会运作机制中，他们由传统文人的角色变为一个吃自己的饭、流自己的汗的自由职业者。这对于传统知识分子来说，无疑是一次脱胎换骨，因而他们的内心充满矛盾和痛苦。

事实上，这群人的角色转换就是在充满矛盾的心境中完成的。他们对城市既有身心的投入，也有观念上、情绪上的距离感。他们在城市中苦苦挣扎，企图与城市融为一体，但他们与城市的剧烈摩擦也使自己的心理产生了阴影，他们对传统文人的生活道路总是残留着几分梦想和留恋。《申报》早年的主笔蔡尔康曾是秀才出身，自号“铸铁庵主”。他在名片上把自己的头衔列了一大串，“四品衔分部主事奏保经济特科、六举优行恩贡生、历办《申报》副主笔、《沪报》总主笔、《新闻报》开创正主笔、《南洋官报》采访委员、历掌《万国公报》广学会正翻译”。[4]就这张名片上列举的这些头衔来看，蔡尔康虽然已脱离仕途，成了“职业报人”，但他还是把“四品衔分部主事奏保经济特科、六举优行恩贡生”这样的“功名”列在前边，由此可见，科举功名在他内心深处的分量很不一般。这种心态在早期的报人中很有代表性。

以《申报》为例，自 1872 年创刊之后直到 20 世纪初，历任总主笔、主笔，除了第一任总主笔蒋芷湘于1884年考中进士，离开报馆外，其他人几乎都是功名未就的落魄秀才。如曾任《申报》总主笔的黄协埙就是个廪生，他在《申报》初创时就进入报馆，但他念念不忘功名之未就，屡屡科举考试，未中再回报馆，自叹怀才不遇。但生活是具体而现实的，无论你怎样留恋过去的梦幻，总无法摆脱现实环境的制约，这样就会不由自主地被卷入都市生活的漩涡。

现代城市在这些早期报人面前展示了两面性：它既是一块丰美的芳草地，又是一片不知深浅的沼泽。他们对城市生活热情地投入，但又不得不时时提防周围的陷阱，他们和城市之间产生了一种互相依赖又互相排斥的关系。从这层意义上看，城市是他们赖以生存的朋友，但也随时可能成为他们的敌人。人是有情的，而城市生存的现实是无情的，城市的无情则蕴涵着一种不可抗拒的力量。这群早期的报纸副刊编辑在与城市的长期磨合中，城市最终是一个胜利者，显示出它是一个改造人灵魂的高手。它成功地把这些本来不属于它的城市的闯入者，改造成了城市不可分离的分子，完成了对这群原本是传统文人的城市塑造，从而把这群带有各种各样的古老面目传统文人，改造成了一群新的现代市民和现代意义上的知识分子。在此过程中，造就了第一代早期报纸副刊编辑。

这群在大都市里获得自由选择职业的早期报人，与几千年来依附于封建权力机制上的传统文人相比，应该说真正获得了自我发展的自由。春秋战国时代以来，中国文人的社会身份就是“士”，并作为传统在中国延续两千多年，形成一整套的价值规范，士阶层的行为规范被打上了神圣的色彩。但战国时期的孟子曾一语道破“士”的本质，“士之仕也，犹农夫之耕田也”。[5]说穿了，士阶层要想生存，就得放弃自己的人格尊严，就要千方百计拿出自己的“东西”向统治者讨饭吃。而在权贵们那里能否讨到饭吃，一要看自己的“东西”是不是权贵们感兴趣的，二要看自己的“东西”是否为自己所独有的。隋唐以后，科举制度逐渐完善，通过科举进入政府是“士”阶层向统治者讨饭吃的唯一道路。“学而优则仕”，此途堪称一座文人的独木桥，一批批文人或者飞黄腾达，或者穷困潦倒，除此没有别的出路。即使那些失败者，或像晚清时期的小说家俞达（《青楼梦》的作者）那样，借写小说编织文人的“白日梦”，或借诗词歌赋发泄满腹牢骚。总而言之，走由“士”而“仕”这条道上的传统文人，总是靠观察权贵们的眼色行事。因此，他们生存和发展的空间是狭小的，精神视野也相应的受到限制。他们除了服从于当权者的选择外，恐怕没有更多的发展余地。

这种宿命，一方面导致了传统文人的精神素质退化，另一方面导致了人格的不断萎缩。其实，那些在科举道路上取得成功的文人，只不过是获得了一些依附于权贵的资格。一旦纳入官场，其他的本领倒在其次，所有的价值只能通过做官来实现。而一旦脱离了官场，四周就会投来轻蔑的眼光，意味着自己一钱不值。他们的自我价值、喜怒哀乐全系于这个场所，官场实际上也就成了一部分人的“生死场”。中国特殊的官场政治运作机制，除了阉割人的灵魂外，还有一种功能，这就是不断造就一大批依附于权势的市侩小人。

从社会学层面看，古代只有皇权垄断的政府而没有健全的社会，长期以来政治形态畸形发展。读书做官，把自己纳入封建统治的权力圈子，是社会绝大多数人一生的追求。从这种意义上说，传统文人梦寐以求的官场其实是一个驯化奴才的场所。对于封建统治阶级来说，之所以采用科举制，基本的动机是需要一批文人去阐释其统治思想，维护其现实意识形态的“合理性”，保存现存的政治秩序。对于文人和政府来说，科举本身就带有狭隘的功利意识，随着社会的发展，这一制度越来越多地呈现出消极因素。清代一些进步思想家和文学家都对科举制进行过激烈的批判。顾炎武认为，“八股之害，等于焚书。败坏人才，有甚于咸阳之郊。所坑者仅 460 余人也”。[6]他认为，“此法不变，则人才日至于消耗，学术日至于荒漏，而五帝三王以来之天下，将不知其所终矣”。[7]晚清时期，几千年的封建大厦将倾，越来越多的社会有志之士意识到科举制是摧残文人灵魂的牢笼，封建统治者采用科举制禁锢了人们的思想自由，是“以学术杀天下后世”。[8]事实正如此，科举制及其所联系的封建官场，其实是一个阉割文人灵魂的场所。你要接受我的饲养，就得把灵魂出卖给我，为我所操纵。其结果，一批又一批的官场奴才就产生了。

1905 年，清政府宣布废除科举制度，这是一件惊天动地的大事！科举的废除，不仅阻断了传统文人的人生道路，也摧毁了传统文人公职化的正常秩序。但科举制的废除，从根本上说是文人的一次解放。现代城市的发展以及它形成的新的文化氛围，已经迥异于古老的传统社会。随着新闻出版业的发展，近代中国城市的机制越来越适合于文人的生存。城市为早期的文人提供了新的生活环境和多种生活选择，他们的精神天地和生活天地一下子开阔了起来。

过去，在封建专制体制下，政府几乎垄断了社会发展资源，个人发展的资源是十分有限的。作为传统文人，只有把自己的生活道路纳入政府的体制中运行，才有可能实现自己的价值。除此之外，传统文人很难仅靠自己的奋斗，拓展自己的生存空间，获得所需要的生存资料。这样，传统文人就必须向当权者出卖自己"智慧"、能力和情感，哪里还谈得上有什么独立人格。传统文人身上的奴性，本质上源于与当权者是一种依附关系；而他们没有相对独立的社会地位，则源于他们单一的公职人员身份。这样的现实，不仅导致他们其他生活能力的萎缩，也导致其不可能有自己的思想，不可能有自己强大而自尊的灵魂。

其实，中国文人并不缺少有思想和自尊而强大的灵魂，也不是没有独立的人格意识和独立的生活能力。说到底，是他们缺少一个社会立足点，一块让他们有多种选择的自由发展空间。近代中国社会的转型，西方文化思潮的涌入，大都市工商业的发展，以及在此基础上新的社会机制的形成，文人发展的社会生活的空间越来越大。以上海为例，20 世纪初，上海已建成为一个新的经济文化中心。资本主义的文化和物质方式的建立，科举制的废除，一扫传统文人过去梦幻的"家园"，但又赐予了他们新的财富：现代生活领域产生了，城市中的文化产业和由此形成的社会机构，可以让众多的文人获得就业和发展的机会，文人经商，或从事文化产业，是新的自我价值实现的手段。新式大学和新学堂的纷纷建立，形成了新的城市文化社区，许多文人在此任教并开展政治文化活动；报刊业的不断发展和繁荣，为相当多的文人提供了生存场所。

19 至 20 世纪之交的大都市作为一种现实存在，越来越表现出向古老封建体制挑战的姿态。其经济、文化的发展，催生着新的社会结构和相应管理机制，封建官僚的政治统治不得不逐渐让位于现代化的城市管理。这样的社会发展趋向，给文人的生存和发展提供了更大的自由度。就新闻出版方面的管理而言，晚清以来的管理越来越有利于现代报业的发展，自由度不断增加。1898 年之前，清政府颁布的《大清律例》对新闻出版做了严酷的规定，其中刑律“盗贼类”的“妖言妖书”属于“罪恶以极，其罪极大”的“十恶”之一，该条规定，“凡造纬妖书妖言，及传用惑众者，皆斩”。1906 年，清政府制定了第一部有关报刊出版的专门法律——《大清印刷物专律》，其中的条律不仅放宽，对出版物违法问题也做了一些具体的限定。这两个法律限制的对象明显不同，这说明报刊出版由原来的危险职业变成了一种正当的职业。

民国时代，关于报纸的法律规定与清朝相比大大放宽了。民国元年，内务部发布了《民国暂行报律》，试图加强对新闻出版的控制，而报界则联合致电孙中山，表示强烈反对。为保障新闻出版的自由，孙中山下令废除了这一刚刚颁布的法律。之后，在民初短暂的时间里，出现了尊重报纸、尊重新闻舆论的社会风气。如当时大汉四川军政府颁布《独立协定》，规定巡警不得干预报馆。袁世凯和北洋军政府开会，还特设新闻记者接待室，每天由国务院秘书长亲自接待。由此可见，新闻出版的社会地位不断提高，社会影响力不断扩大。新的法规法律的颁布，以及新闻社会影响的扩大，不仅为文人的独立谋生提供了比较可靠的保证，而且更有利于城市精英文化的立足和发展，同时为以后报纸副刊进一步发展提供了有利的条件。

由过去单一的公职人员身份，变成了新兴城市中的自由职业者，对于中国文人而言，这种变化无疑是一次前所未有的社会身份革命。没有这样的社会身份革命，中国近现代报业的发展是不可想象的。这样大规模的身份的变迁，其结果，为他们提供了自由发展的立足点和广阔的创造空间，解脱了和封建专制的依附关系，为自己赢得了相对独立的生活方式，自由思想才得以产生和保持。在文化选择上，源于自我的立场以及市场的制约，他们完全可以倾向于大众，并以一种较为清醒的批判姿态，面对现实政治及其意识形态。这样，在自由者选择的基础上，传统文人的价值观念不断更新，逐渐完成了向现代知识分子的过渡。其结果，造就了一批适合于时代发展，并站在时代前列的新型报人（包括报纸副刊编辑）。

中国近现代副刊编辑是中国近现代报人的一个重要组成部分。早期从事副刊编辑的文人有一个重要特点——具有社会发展的前瞻意识，他们自觉和传统文人由“士”而“仕”的生活道路决裂，这在当时看来，无非是“狂人”行径。曾任《申报》主笔的雷瑨后来回忆：“彼时朝野清平，海隅无事。

政界中人咸雍揄扬，润色鸿业，为博取富贵功名之计，对于报纸既不尊崇，亦不忌嫉。而全国社会优秀分子，大都醉心科举，无人肯从事于新闻事业，唯落拓文人，疏狂学子，或借报纸以发抒其抑郁无聊之意兴”。[9]可见，随着近代社会的转型，来到近代大都市的传统文人在新闻出版业界找到了自己新的位置，成为近代报人。

在此过程中，他们不仅经历了一次社会身份革命，也经历了作为一个自由职业者的艰难学习过程。可以说，成为报纸编辑，不管是专职的还是业余的——都是他们作为一种自由职业者的生活选择。对他们来说，编辑报纸只是一种谋生的基本手段，但这样的生活方式给他们带来了旺盛的创造力。出生于官僚家庭，早年热衷于科举的李伯元，1892 年考中秀才后，累举不第。1896 年离家到了上海，开始了他 10 年的自由职业生涯。1896 年办《指南报》，接着又办《游戏报》、《海上繁华报》等以文艺为主的娱乐性小报。他经常为演员写评论，发表揭露政治黑暗的文章和讽刺文章。1903 年受商务印书馆之聘，主编《绣像小说》。期间，创作了《官场现形记》、《文明小史》、《活地狱》、《中国现在记》、《海天鸿雪记》等 10 多种中长篇小说，以《官场现形记》最为著名。李伯元后来曾被荐应经济特科，不赴，时以为尚。李伯元来到上海，最初的职业选择是办报。他在 1897 年创办的《游戏报》上称：“岂真好为游戏哉？盖有不得已之深意存焉者也……故不得不假游戏之说，以隐喻劝惩，亦觉世之一道也。海上为通商之巨埠，骄奢繁盛，甲于五洲，势力之区，逋逃之薮，天生人众，懵懵懂懂，在睡梦中，而无有从旁为之大声疾呼者……主人言论乃此，窃窃以为隐忧，始有此《游戏报》之举。”[10]他以幽默讽刺的笔调，痛快淋漓地揭穿社会真相。其中的嬉笑怒骂之文，“为我国报界辟一别裁”，[11]李伯元也因此被称为上海小报的“鼻祖”。他编辑小报的方式和所采用的文体，对后来报纸副刊的编辑方式和编辑形态也产生了一定的影响。从以上的分析可以看出，编辑作为自由职业者阶层的身份独立，使中国报纸副刊不再是封建文化的传播工具，而成为现代文人的一种真实的思想情感形式，成为他们探索社会出路的工具，从而使报纸副刊成为较有价值的文化传播和文化创造、文化积累的一种重要方式。

可以说，没有职业的自由选择，不可能拥有如此活跃的创造力。从这种意义上说，选择自由职业是对人的一种解放。而过去单一的政府公职人员身份，使他们无法把握自己的命运。自由选择职业就可以凭借各自的能力，依据各自不同的兴趣，设计自己将来的发展。一旦有了正确的选择，人的主观创造能力就会被充分调动出来，建立起自信和自尊，从而完成独立人格的塑造。

早期报人包天笑早年曾倾心于科举，19岁进学成为秀才，接触到康有为、梁启超的维新思想后，他发现了一个更大的发展空间，于是自觉终断了科举之路。1900年，他在苏州创办《苏州白话报》，1906年，他进入上海《时报》，任这家报纸的编辑。同时，他还身兼几种职业，除担任《小说林》杂志的编辑外，还担任几个新式学校的教学工作。之后，他积极参与《时报》改革，策划该报的《余兴》和《小时报》等副刊的创办。同一时期，他翻译并创作了大量的小说，成为上海鸳鸯蝴蝶派文学的“无冕之王”。短短的奋斗时间，使他赢得了相应的社会地位和社会影响，从中可以推测到他对自己所选择职业的热爱，以及由此带来的自身价值实现的满足。

包天笑之后的陈蝶仙、王钝根、严独鹤、毕倚虹、周瘦鹃等都是一些很富有代表性的人物，这批报人无论在副刊编辑还是在文学创作中，都敢于一反传统老路，热衷于在城市文化规范中，探索新的文化传播形式，表现了独特的精神气质。因此，从编辑主体意义上说，报纸副刊这一新的文化传播形式的产生，也是传统文人社会身份变革所产生的人格成就和独立思想的显现。

到新文化运动时期，以《时事新报·学灯》、《晨报副镌》、《民国日报·觉悟》、《新民意报副刊》和《京报副刊》为代表的新型报纸副刊蜂拥而起，这样的发展状态，折射出了文人社会身份的转换所带来的思想和个人创造力的解放。一些拥有不同专业学术背景和生活阅历的现代知识分子如李大钊、孙伏园、徐志摩、张东荪、宗白华、邵力子、陈望道等参与到副刊编辑队伍中来，这样就产生了一大批颇有文化影响的副刊编辑。他们以“民主”和“科学”为精神武器，对社会文化和政治的变革投入了极大的热情，在编辑形态建构过程中显示了旺盛的创造力。他们所主持的报纸副刊，传播着全新的文化思想，参与营造了那一时代的社会文化气候。如果没有文人社会身份的转化，这样的文化局面也是不可能出现的。副刊作为一种精神产品，是与编辑的生存状态联系在一起的。

职业选择的自由和人格的独立，带来了报纸副刊的多样性及其文化形态的丰富多彩。解脱了传统文人与封建权贵的人身依附关系，一代知识分子获得的是“人”的自信和自尊。作为报纸编辑，自由职业带来的自信，培养了他们不断创新的编辑心态，也使他们有了思想家的眼光。李大钊改革《晨报》第七版，使之成为传播马克思主义的阵地。而孙伏园主编的《晨报副镌》和后来主编的《京报副刊》，成为现代知识精英的话语空间和新文学运动的园地。这些现象表明，自由职业的意义不仅是对编辑个人人格的强化，还具有具体的文化功能：赋予报纸副刊编辑“引导大众”、社会批判、文化启蒙的历史地位。这些人不再是政府所养的文人，人格上独立了，思想上自由了，再也没有义务也没有必要去充当政府的卫道士，完全可以凭“良知”和“正义”说话，充当大众的代言人。因此，自由职业使他们有了自己的文化立场。他们基于自由职业身份，观察和思考社会文化问题。在编辑过程中，不再需要牺牲“社会良心”，也没有必要放弃自己的编辑原则。

当年，邵力子等人编《民国日报·觉悟》，就是站在社会变革的最前沿，以浮躁、凌厉的态度，大胆抨击北洋政府的种种丑恶行为，显示出无所顾忌的政治批判立场，就是在报社内部，有思想的编辑也敢于坚持自己的文化立场。孙伏园可算是一位代表。1924 年 10 月，鲁迅写了一首诗《我的失恋》寄给了孙伏园。稿子已经发排，在准备见报的头天晚上，他到报馆看大样时，发现《晨报》的代理总编辑刘勉把《我的失恋》

抽掉了。孙伏园按捺不住火气，一怒之下，顺手打了总编一个嘴巴，第二天就辞职了。[12]鲁迅弟子荆有麟在邵飘萍的《京报》办一个周刊，听说孙伏园从《晨报》扼腕走出，便与邵社长商量，建议他革新版面，把专载“花艳”之类的《小京报》停掉，另请孙伏园主持副刊。邵从善如流，不但答应下来，还要请荆有麟再找几个人效仿上海《民国晶报》出副刊的方式，每日一种，一周七种，“供给一般学术团体发表他们平素所研究的专门学问”。[13]后来，孙伏园把《京报副刊》办得百花争艳，充满生机。他先后办了15种周刊，3种半月刊。孙伏园主编的《京报副刊》在编辑方式和编辑思想上，与他过去编辑《晨报副刊》时差不多，在文化立场上与邵飘萍的办报理念基本一致，即“以最新之事实与最有兴味之问题，涵盖一般人之趣味，将世人从枯寂冷酷之心境中救出”。[14]所以，在孙伏园主编的副刊上才有一大批如冯沅君、李霁野、陈学昭、韦素园等文学新人出现。“五四”时期的文化环境较为宽松，这使像孙伏园那样的知识分子敢于坚持自己的编辑立场，因而报纸副刊才有了新的文化面貌：其中的内容不再是点缀太平的颂歌，而是真正变成了知识分子探索社会改革、启蒙大众的话语空间，蕴涵着丰富的社会批判精神和人文传统。

从与封建权力有着人身依附关系的传统文人，到城市中依靠自己的能力生存的自由职业者，早期报人同时也经历了一场文化身份的变革。如果把近现代知识分子的城市地位，放到两千多年的文人的整体发展过程来观察，我们就会发现，自由职业地位的获得是一种历史的进步，他们从此不仅学会了把握自己的命运，同时也适时抓住了关于自身发展的历史转折。晚清以后的短短几十年里，早期报人经过一段时间的苦苦奋斗，终于获得了相对独立的人格和文化意识，以自己的实践，逐渐清算了过去千百年来的历史耻辱。传统文人的生活道路在这里发生了转折，传统文人的文化价值体系在这里大打了一个折扣。这批早期的报人，告别了千百年来传统文人不断重复的道路，一下子走进了一个新的时代。在这样的环境中，他们获得了一次灵魂的再生机会，以怀疑和批判的眼光，面对社会现实，大胆进行新时代的文化创造。作为报纸副刊的编辑，他们在文化角色的转换过程中，努力使自己的人格、思想、审美趣味和编辑方式适应社会发展的要求，从而实现编辑的自主性和文化传播的创造性。早期的报纸副刊编辑一开始就带有了文化反叛的气度，从《消闲报》到资产阶级革命报人主办的“横三民”（《民权报》、《中华民报》、《民国新闻》）的报纸副刊，那些由他们编辑撰写的讽刺小品和嬉笑怒骂指责现实的文章，正是怀疑传统、批判现实的文化精神的自然流露（这一点在下一章里进行论述）。这说明，早期报人完成了身份转变过程的同时，也经历了自己价值身份和文化身份的重新塑造。20 世纪以后，报刊逐渐成为大众传媒，在社会文化的变革过程中，文化传播的新使命，使这些报纸编辑走到了现代知识分子的前列。

第二节　传统文人市民角色的完成

考察早期报纸副刊编辑主体的形成，还有一个不能忽视的重要内容，这就是早期报人在日常生活中市民角色的完成过程。

在中国近代社会的转型中，作为早期报人的知识分子也投入了市民的海洋，他们由过去的文化英雄、官僚政治的预备队变成了普通市民的一员。现代知识分子的政治地位当然与古代文人政治地位无法相比，但与民众的联系是密切的。过去，传统文人把百姓视为“草民”，视为下等人，“即是满怀同情，也多是那种俯瞰视畜群的眼光，自己是一定高高在上的”，[15]孔子常常直呼百姓为“小人”，断言“唯上智与下愚不移”。在文化传播中，中国的皇帝为首的庞大的官僚体系是“这个广大的国家机器的各部分唯一的精神联系”，[16]传统文人在文化传播中承担着教化民众和为王者师的角色，帮助官方控制了所有的文化传播渠道。而现在，他们置身于民众之中，再也没有过去那种高高在上的优越感，他们必须以平等的眼光和平等的姿态对待民众，因为他们和普通市民一样，都要靠自己的辛勤劳动“讨生活”。加之这群聚集于报刊业的知识分子，没有那种北京学院派知识分子高于普通市民的经济地位，他们更缺乏明显的阶层感和生活的优越感，他们在一体化的城市生活方式中，与普通市民浑然一体。他们的文化劳动产品，只有市民的认可，才能真正赢得市场，因此在这种意义上说，市民大众也是他们的“衣食父母”。张爱玲曾直言不讳地说出了这些知识分子的大众价值取向——

我很高兴我的衣食父母不是“帝王家”而是买

杂志的大众。不是拍大众的马屁的话——大众实在是最可爱的雇主，不那么反复无常，“天威莫测”；不搭架子，真心待人，为了你的一点好处会记得你五年十年之久。而且大众是抽象的。如果你必要一个人的话，当然情愿要一个抽象的。[17]

1872年以后，上海申报馆垄断中国出版行业20多年。此后出现两个影响较大的出版社——商务印书馆（1897年）和中华书局（1912年）。1949年前，上海有321家出版社，200多种报刊，而北京只有3家出版社，24种报刊。[18]出版业的兴盛需要有相应的市场，需要有一大批读者。在这样一个文化环境，形成和发展了大量的自由撰稿人和职业报人，他们依靠自己的文字劳动收入，保证自己的生活资料的来源。就报纸编辑而言，他们过去多是乡村中小城镇的传统文人，来到陌生的与过去全然不同的环境，实际上也不由自主地汇入了城市市民生活的洪流，这个过程，就是一个“市民化”的过程。在这里，他们必须依靠自己的能力混饭吃，不管过去是什么身份，不管从前怎样高居于社会结构之上，而现在城市对你一视同仁，他们也由传统的“士”成了现代的“民”，成了深入城市社会结构中的普通市民。置身于其中的社会面貌今非昔比，新的经济和文化方式一点一点地冲击着传统文人的英雄意识，他们在城市里逐渐摆脱了过去的英雄角色，学会了做一个普通的市民。过去，传统文人由于单一的公职身份，他不得不把自己的情绪变化寄托于宦海的沉浮，望着上司的脸色行事，人格自然变得萎缩，心胸变得狭窄，应有的创造力自然也会被消磨掉。而现在不同了，他们认为大众是“可爱的雇主”，能够“真诚待人”。

知识分子和市民大众的这种关系，归根结底，是伴随着近代社会政治经济结构的改变、社会文化背景的变迁和市民阶层不断发展，及其文化需要迅速增长而出现的产物。市民阶层是文化产品的消费市场，市民的阅读需要、生活方式乃至审美趣味，规定了城市文化的某些合理性。对于报纸的经营来说，报纸只有赢得读者才有市场，这样，报人必千方百计地去揣摩读者的兴趣。1872 年《申报》创办之初，“篇幅固甚狭小，所载多诗文之类，间及中外近事，类皆信笔点缀，如传奇小说然，人皆不甚重视之”。[19]后来，《申报》开始报道公众关心的各类重大社会事件，这样才逐渐引起市民的欢迎。1874 年，日本侵略台湾，“彼时沿海各处人心惶惑，欲求知一实信而不可得”，《申报》及时进行报道，抓住机遇扩大报纸的影响。在当时的江浙一带，《申报》影响已经很大，“每见市肆之间置有一纸，其店中之主宾以及学徒彼此传观，互相问辩，竟若每日之课诵焉”。[20]《申报》编辑在报纸的可读性方面下工夫，贴近读者审美口味，注意刊载文艺作品，使文艺内容成为报纸必备的一栏。起初，大多刊载竹枝词和连载小说，内容较为单调，“以后有了改进，趋于综合性，开副刊之先声”。[21]而作为编辑报纸副刊的报人，他们根据大众的文化消费需要编辑副刊，一开始就贴近生活和市民趣味，迎合市民阶层半新不旧的伦理观念。早期报纸副刊上不断刊登的游戏文章，以及反映官

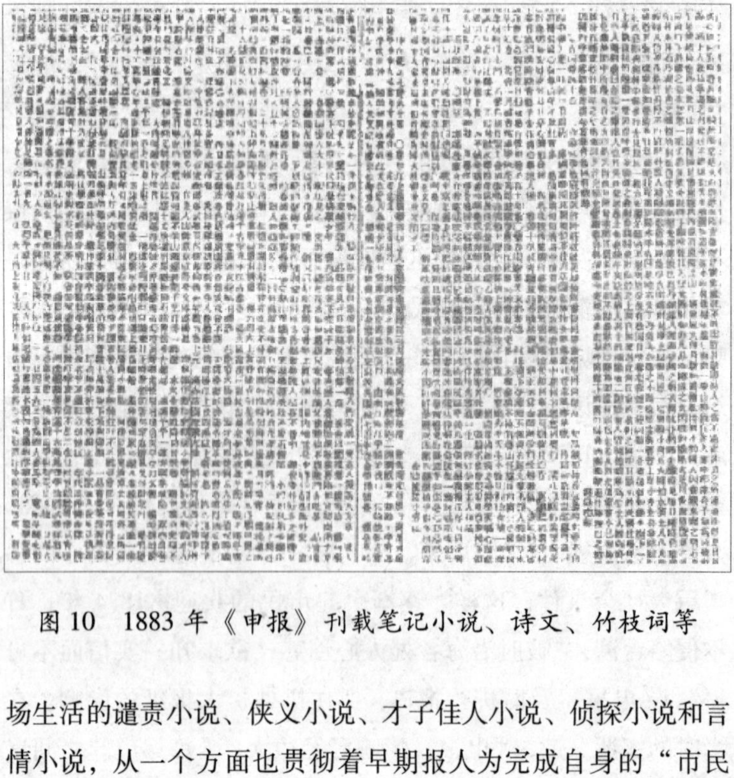

图 10　1883 年《申报》刊载笔记小说、诗文、竹枝词等

场生活的谴责小说、侠义小说、才子佳人小说、侦探小说和言情小说，从一个方面也贯彻着早期报人为完成自身的“市民化”所做出的努力。

在这里，市民化有两层含义：第一，他们基于职业的自由性，与市民在利益上有着一定的相互性。这种关系，保证了他们人格的尊严和职业选择的自由，他们因此可以靠自己的努力，把命运紧紧握在个人手里。他们可以无视任何政府权威，甚至可无视任何文化偶像，但他们不能无视市民的存在。因此，早期上海报纸副刊的编辑敢于声称自己的编辑思想是“消闲”、“解闷”和娱乐，一反古代文人的道德教化姿态。但在现实生活中，他们和一般市民一样，要想在城市生存，就很有必要使自己适应城市的商业化交换法则。日常的生活和工作不必说，就是编报本身这种在一般人看来是高雅精致的事业，也更受到这样的法则制约。编辑通过副刊所呈现的文字，引来数以万计的人阅读，表面看来似乎还有某种神圣的意味。但对于他们来说，背后所面临的问题首先是生存，然后才可能从事其他的工作；再说，报纸副刊有一定的新闻性，所刊载的一些东西本来就属于易碎品，不可能所有的文章都千古流传，那就更有必要把自己的编辑方式纳入城市文化商品的交换框架。副刊也不能逃脱商品的外壳：它首先是报人出售的商品，其次才是别的什么东西，这就需要让读者感兴趣。

1916年10月，陈蝶仙接办《申报·自由谈》副刊，他压缩了一些专门刊登只适合文人阅读的诗词栏目，结合一般市民读者的兴趣，首辟《常识》专栏，内容涉及家庭生活、医药知识、食品保存、服装剪裁等等，可谓是生活小百科。这个栏目与一般人的生活关系比较密切，因此很受城市读者欢迎。后来，陈蝶仙还把这些刊登过的常识小品集中起来，单独出了一个小册子，自己发行出售，竟然赚了一笔钱。但副刊编辑并非一味地“讨好”大众，随着现代知识分子思想的逐渐成熟，他们在副刊编辑过程中，通过发挥积极主动的创造性，实现了自身的文化价值。从早期报人以自己的编辑方式培育讽刺现实的小品文，创作揭露社会问题的新闻小说（以报刊连载的方式出现），到“五四”时期蕴涵着民主与科学精神的综合性报纸副刊的出现，他们为新文化的传播、为杂文为主的小品文的

常識

图 11　陈蝶仙主办的《申报·常识》栏目

繁荣，创造了适宜的发展环境和良好的生存空间。

就这个意义上而言，知识分子市民角色的完成过程，也是他们心灵解放的一个过程，而报纸副刊则成了他们心灵解放和表现文化创造力的一种形式。正是基于心灵的自由、文化创造力的解放，才有了深受市民欢迎的《新闻报·快活林》、《申报·自由谈》等副刊，和后来在新文化运动中影响深远的《晨报副镌》、《民国日报·觉悟》等多种报纸副刊。

第二，作为一个市民身份的普通人，他们在日常生活中也要面对种种琐碎和苦恼，甚至忍受着某种生活压力，这使他们能够了解大众的真实生活状况，敏锐地体察其心理欲求。新的都市环境告诉他们，不管过去来自什么地方，不管你怀有何种理想，也不论你以什么样的心态从事报纸职业，来到这里就必须学会做一个普通市民，就连那些以“启蒙”为主旨的报人办报也经历了“市民化”的过程。

“五四”时期的编辑家孙伏园把《晨报副镌》办得轰轰烈烈，其背后也经历过一番困难。据孙伏园后来回忆，当时北京共有200多家报馆、100多家通讯社，大多数市民阅读的是《群强报》、《实事白话报》一类的消闲小报。报刊如林，竞争自然存在，要办好一张报纸，绝非一件容易的事。孙伏园办报，在打造自己的品牌上下工夫，拿出自己独到的并让一般读者感兴趣的东西。为此，他依托北大精英文化圈中的人物，为自己编辑的副刊提供稿件。生活中，他千方百计拉作者、拉稿子，不仅参加各种各样的社会活动，有时还为拉稿而“跑龙套”，请客吃饭这类常事不在话下，还要经常“笑嘻嘻”地放下编辑的架子，十分不好意思地登门催稿约稿。这类活动，在鲁迅、周作人等人的日记里都有记载。

为了在市民中扩大自己的影响，孙伏园一改副刊的单纯消闲性质，把副刊办成既有趣味性又有文化品位的相对独立的报纸“附张”。他重视报刊的可读性，要求副刊消除那种教科书或讲义式的艰深沉闷的弊病；但他同时强调，增强副刊娱乐性的主要手段是使文艺作品成为副刊的主要部分。为此，他大力提倡短篇创作，竭诚提携那些无名之辈。他不以作者名字的生疏作为择稿的标准，尤其不把作者观点与编者本人的异同放在心上。他编辑的《晨报副刊》不但刊登了鲁迅及其他新文学作家的大量作品，而且译介了很多近代世界文学名著。该刊还出版了《马克思纪念专号》、《俄国革命纪念专号》，发表了一些宣传社会主义的文章。后来，他编辑的《京报副刊》，不仅常刊登鲁迅、刘半农、王森然、徐志摩、俞平伯等名家的佳作，而且出现了蹇先艾、鲁彦、尚钺等新人的名字。在这个副刊上，吴稚晖谈国学，周作人谈思想，林语堂、魏建功谈音韵，马叔平谈考古，毛子震谈医学，张竞生谈“美的人生观”，洋溢着活跃的学术气氛。

孙伏园为办好报纸，经常联系作者，参加各种社会活动，还“自跑印刷局，自去校对，自叠报纸，还自己拿到大众聚集之处去兜售”。[22]还有一些报纸编辑，他们为了在生活上立足，同时在文化上实现自己的理想，有时常常折腾得使自己陷入困顿，甚至伴随着才气、心性和激情的消磨。邵力子、叶楚伧办《民国日报·觉悟》副刊，除了写稿、编辑排版等工作外，还一身几任。晚上，常常是通宵达旦地工作。为了补贴生活，白天，他们在复旦大学、民国女中等学校教书。因为办报经费紧张，“有一冬天，报社实在分文无着，某夜新闻已经排好，天也快亮了，印报的白纸还无着，他们只能脱下身上的皮袍，压得一些钱，才算出版了。有一年阴历年底，债户交集，叶先生就贴出一张字条‘前债未清，免开尊口’。债户只好幽默的一笑就走开了”。[23]

如此现实的“市民化”的生活境遇，对他们的编辑活动也产生一定的影响，比较明显的是，他们坚守“文化启蒙”

的立场，关注平民生活，关注各种社会问题，尽可能地使自己编辑的副刊表现出平民的悲哀和愿望。以《觉悟》副刊的《通信》栏目为例，这个小小的园地涉及的社会生活可谓五花八门，但都是相当尖锐的时代问题。如“婚姻自由”、“寡妇再婚”、“妇女受教育”、“冥婚”、“家庭专制”、农村教育等等，在当时吸引了许多青年人的关注。

总之，城市生活的商业法则消除了他们日常生活的神圣性，肯定了他们的世俗性。早期的报人通过在城市中生存游戏，经过一番与城市搏斗之后，逐渐完成了他们的城市市民角色。

从某种意义上分析，编辑的市民身份和市民人格也是一种精神光源，这对报纸副刊的编辑有着直接的透射，使中国副刊的文化形态发生着重大变化。“五四”以前，副刊就是以刊登“消闲性小品”为主的园地，曾经在中国风行一时的鸳鸯蝴蝶派作品大行其道。新文化运动促成了中国报界的变革，这一时期的副刊也渐渐摆脱了旧式“报屁股”的地位。报纸副刊编辑以读者为本位，顺应时代文化潮流，发挥了主体的文化创造性，推动了报纸副刊从模式化到多样化的转变，进而进入到崭新的创造时代。

传统文人虽转化为生活上的市民，但他们在文化意义上仍然是知识分子，在社会文化传承方面，并不可能完全抛弃过去的文人传统。过去，由于其公职身份，这使他们在某种程度上保持着超越个人功利的眼光，对国家民族有一定的责任感。北宋文人范仲淹就是一个代表，他的“先天下之忧而忧，后天下之乐而乐”的道德境界，是后代文人所推崇的道德理想。古代官僚文人心忧苍生，但骨子里对老百姓仍然摆脱不了居高临下的姿态，根本原因是他们所处的社会地位决定的。他们于一人之下，对于广大的老百姓来说，他们又是“清天”，这不可避免地诱发了他们人格心理的自我膨胀。这样一代又一代地积淀下来，就形成了古代文人传统——按照“修身齐家治国平天下”的人生目标，不仅关注个人命运的设计，而且也按照国家和社会的发展来设计自己的生活道路。他们常常忘记自己个体生命存在的意义，而把自己变成所服务事业的“工具”，这常常表现在民族危亡时刻牺牲个人而献身于国家的责任感，以及身体力行的爱国主义精神。但在这同时，也自然而然地形成一种拯救天下苍生的贵族意识。

这种英雄意识已成为一种强大的文人传统，近代早期报人在精神上大多接受了这份遗产。他们在青少年时期大多接受的是传统的经学教育，而经学教育灌输较多的是这种“英雄”意识。19至20世纪之交，中国社会内忧外患，更滋长了传统文人拯救天下的英雄意识，从而形成过渡时期文人的主导价值观，对他们的办报思想影响很大。早期报人王韬可以作为一个代表，他强调“日报理言，义切遵王，记事载笔，情殷敌忾，强中以攘外，诹取以师长”，[24] 其英雄主义气魄表现于字里行间。就连早期的一些娱乐性小报的编辑，也纷纷声称自己办报是为了“警醒世人”，拯救末世道德。1902年10月，梁启超在《新民丛报》第17期提出报刊的职责应该是：“监督政府，向导国民”。其博大之胸怀，也无疑是一种英雄主义姿态的流露。20世纪初年，主编过多种报纸副刊的郑贯公认为，报纸能传播公理，激励人心，对于黑暗势力，“不必匕首，不必留血。笔枪可以，留墨可以”，[25]当这些报人以自己的方式面对社会变革之时，他们的思想、心态与古代文人传统是何等的吻合！英雄意识作为一种群体气质和精神内涵，直接影响着这一时期的报人，这在新文化运动初期的报纸副刊上有着充分的表现。《时事新报·学灯》创刊不久，编辑张东荪就策划了“我所理想的家庭”、“理想的乡村”、“理想的国家”等重大社会议题，引导一批青年知识分子参与讨论。所刊载的那些文章，激扬文字，指点江山，很见英雄主义色彩。仅此可见，文化英雄意识作为某种文化基因，正活跃在这一时期的报人身上。

生活中的市民和文化意义上的知识分子，这样的双重角色对中国早期报纸副刊的成熟有着积极的意义，使副刊的文化面貌发生着根本性的变化，并对以后的历史产生深远的影响。作为一个城市里的普通人，这些编辑在日常生活中，不得不辛勤工作和精于算计，体验生活的艰辛，从而使他们对现实问题有着具体的感悟，对社会的变革持有一种更加急切的心态。就“五四”时期的报纸副刊而言，这些编辑注重精英文化对于大众思想的渗透。而编辑作为一个市民，也把这样普通人的精神融入编辑过程，这就影响到副刊的定位追求和议题设置。另一方面，传统文人的英雄主义意识，又使他们扮演着引导大众的文化角色。从“五四”时期副刊的文化追求可以看出，现代知识分子试图把报纸副刊建成一个大众参与的“想象社区”，在这样一个社区中，知识分子对于大众采取思想引导、平等交流、民意测验和公开讨论等方式，必要时，学院精英人物作为意见领袖介入其中，让大众关注那个时代日常生活中所暴露出来的重大问题。以“互动”创造副刊的特色，寻求与大众的文化联系，将文化精英的思想传播到大众中去。“五四”时代的报人已经认识到民意是公共权力存在的基础，这种观念凭借副刊的文化传播形式为大众所接受，使文化精英的思想越来越具备广阔的政治空间，从而在文化思想层面推进启蒙的进程。

第三节　早期报纸副刊编辑思想的发展

19 世纪 90 年代至 20 世纪 20 年代，随着报纸编辑主体的形成，报纸副刊也从早期的萌芽状态发展到初步成型的阶段。在此过程中，城市报业的竞争、激烈的政治斗争，以及特定时代文化启蒙的需要，促使报纸副刊编辑主体不断探索报纸编辑规范，初步形成了早期副刊编辑思想。按照这一时期报纸副刊的发展脉络，可把这一时期副刊编辑思想的发展分为三个阶段。

19 世纪末至 20 世纪初年，为报纸副刊编辑思想演变的第一阶段。在这一时期，副刊文字也由早期的“补白文字”发展到不完全形态的报纸副刊，在报纸编辑业务中具有一定的地位，继而出现了以《消闲报》为代表的具有完整编辑形态的副刊。此时，文艺性刊物不断出现，以市民文化消费为指向的娱乐性小报呈现出繁荣态势，其编辑方法也为当时报纸副刊的编辑提供了一些借鉴。不少报纸编辑结合自己的编辑实践，自觉或不自觉地探索总结自己的编辑思想。比较有代表性的编辑有李伯元、高太痴、吴趼人、蔡尔康、陈冷血、包天笑等，他们的编辑思想归纳起来大致有以下几点。

第一，注重寓教于乐，关注时代，认为副刊文字要通俗生动。在近代早期的报纸上，副刊文字无足轻重，基本上处于"补白"的地位。王韬主编《循环日报》时，经常选择一些"野语稗史"填充版面，其原因是当时"交通未便，消息难通"，新闻文字不足，副刊文字的编辑并没有引起报纸编辑的重视，这种现象在当时很有代表性。1884 年，王韬回上海担任《申报》的撰述，参与《点石斋画报》的创办，担任了文艺部分的写作，在编辑实践中，他关注现实问题，注意把新闻和文学结合起来。但王韬对副刊文字的编辑思想却缺乏相应的总结，较早探讨副刊编辑思想的是李伯元和吴趼人两位报人。

1897 年 6 月 24 日，李伯元在上海创办了《游戏报》，这是我国晚清时期最早出现的文艺性小报。李伯元在《论游戏报之本意》一文中说："《游戏报》之命名仿自泰西，岂真好为游戏哉？盖有不得已之深意存焉者也。既夫当今之事，国日贫矣，民日疲矣，士风日下，而商务日亟。有心世道者，方及汲汲顾景之不暇，尚何有恒午酣歌，乐为故事而不自觉乎？如此，国事如时……强之为经济文章之务，人必笑其迂而讥其背矣。故不得不假游戏小说，以隐寓劝惩，亦觉世之一道也。"[26]在这种思想的指导下，寓教于乐，关注现实，成为一些小报的编辑特色。为了便于读者接受，他认为副刊文字的表现方式要通俗易懂，"或托诸寓言，或涉诸讽咏，无非欲唤醒痴，破除烦恼，意取其俚，使农工商商贾，妇人竖子，皆得而观之”。[27]为此，他提倡副刊文体要形式多样，有本皆备。他编辑的文艺小报，其内容逐日分类，栏目五花八门：如《传记》、《碑志》、《歌颂》、《诗赋》、《词曲》、《演义》、《小唱》等。重头文章如论辩、长篇小说连载，轻者如酒令灯谜，可谓无所不包。这些编辑思想不仅影响了以后报纸副刊的编辑方式，而且为以后完整形态副刊的形成奠定了思想基础。

第二，趣味性是报纸副刊最基本的传播方式，娱乐消闲为报纸副刊最基本功能，强调报纸副刊读者定位的多层次性。1897 年 11 月 24 日《消闲报》创刊，最早参与该报编辑的吴趼人认为，“深奥难解之文，不如粗浅趣味之易入也。学童听讲，听经书不如听《左传》之易入也，听《左传》不如听鼓词之易入也。无他，趣味为之也”。进而他从阅读心理层面进行了分析，他说：“凡人与平常待人接物间，所闻所见，必有无量之事物言化，足以为我之新知识者，然而景过辄忘，甚或有当前不觉者。唯于小中得之，则深入脑筋而不可去也。”[28]在《消闲报》第二号刊登的《释〈消闲报〉之报名》一文的内在精神与吴趼人上述的编辑思想基本吻合。此文中说：阅读该报，“一篇入目，笑口常开，虽非调摄精力之方，要亦可为遣闷排愁之助也。此可为当道诸公消闲者也。或者高人韵事，酒阑灯熠，苦茗既熟，有约不来，走马王孙，倦游既返，深闺才友，刺绣余闲，既无抵掌之良友，复乏知心之青衣，得此一纸，借破岑寂，或可暂作良友青衣观乎？此可为高雅诸君消闲也。或者读书童子，读史传不得其门者，读《聊斋志异》乃足启其聪明，读毛诗不知其义者，诵元人曲本乃适以开其智窍。此无他，诙谐亦入耳。此则后来之秀，于正课之暇，亦可借此以消闲者也……”这段文字既可看作是该报的编辑方针，也可以看作是他们的编辑思想。此中可以发现，吴趼人已注意到副刊文化定位和读者定位问题。编辑副刊不仅要注意知识性和趣味性的结合，而且还要注意读者层面的多样性，以便照顾到如“走马王孙”、“深闺才友”、“高雅诸君”、“读书童子”等不同的读者层次。特别值得注意的是，编辑已经意识到阅读报纸副刊文字一方面可以调节读者的心理压力，还可以培养大众健康的文化生活方式。因此，他们认为报纸副刊的功能定位就是“遣愁，排闷，醒睡，除烦”。[29]过去，就内容结构和读者定位而言，副刊文字局限在文人圈子里。《消闲报》从一开始就强调为大众的消闲娱乐服务，这在编辑思想上完成了副刊文字从关注小众阅读到大众阅读的转变。

第三，副刊文字要发挥启蒙大众、“改良社会”的作用。面对清政府的腐朽黑暗和危机四伏的社会现实，早期的报人大多愤世嫉俗，有强烈的“救世”情绪。吴趼人是较有代表性的一位。他认为，要摆脱这些目前的现实危机，必须使民众开化，必须维新政治。他在副刊编辑中，特别注重长篇小说连载，力求借小说“改良社会”，挽救“道德沦亡”的浇风。[30]吴趼人对副刊思想的贡献在于，把李伯元的道德“劝惩”，发展到“讽世”，表现出激烈的现实批判意识。因此，在他主持《采风报》、《寓言报》时，发表了许多讽刺晚清官场腐败的小文。1900年，《消闲报》改名为《同文消闲录》，增加了批判现实的小品，这在一定程度上实践了吴趼人的编辑思想，反映出他积极改良社会现实的政治追求。

20世纪初到民国初年，为报纸副刊思想发展的第二个阶段。这一时期报纸经过两次改版，以《申报·自由谈》为代表的栏目式副刊正式成型。而这一时期，商业性报纸的副刊向着娱乐性、综合性方向发展；为配合革命斗争的需要，资产阶级革命党人创办了多种副刊形式，最有代表性的是港澳地区报纸的“谐部”。以郑贯公为代表的报纸副刊编辑，在编辑方式、编辑形态上不断探索，使这一时期的副刊编辑思想有了新的发展。概括起来有以下几个方面：

第一，“皆准时势以立言”，“作文明之先导”，强调报纸副刊的时代特色。资产阶级民主革命的基本任务是推翻清政府，建立资产阶级共和国，他们的报刊活动也紧紧围绕这些目标，制造舆论，传播自己的革命思想。他们认为，“欲在沧海之横流，勉作疾风知劲草。皆准时势以立言，庄谐并进，实作文明之先导，警劝交陈，无不痛下针砭”。[31]关于如何办副刊，他们认为，“唯有曲描善喻，察群汇之感情，匠意传神，留一时之纪念，或箴政界，聊摅献暴之枕，或托词林，少写采风之讽，风涛万里，写少年活泼之前途，孽障千重，荡儿女混茫之苦海，纵非名言硕论，定能振懦砭愚，敢云大观，讵无小补”。[32]从上述文字里可以看出，他们已经认识到只有贴近时代，把握人民的感情，副刊的文字才有震撼力。

第二，副刊容纳的文体要不拘一格，表现形式要灵活多样、图文并茂，为广大群众喜闻乐见。资产阶级革命报人重视戏剧改良，他们在编辑实践中，把戏剧和民间讲唱文学的形式引入了副刊。他们力图通过副刊媒介形式，传播资产阶级政治文化观念，并使之具有广泛而深厚的群众基础。《振华五月大事记》发刊一文里，其“慢板”一节以民间讲唱形式，阐释了报纸副刊的社会作用和报纸副刊表现形式方面的一些问题——

> 虽则是，杞人忧，何异自不量力，也该要尽己能把公益维持，讲宗旨却不外开通民智，言论者堪称是实事基础。本同人早具了心诚热血，若庄言若谐论，字字不欺。凡记事应当要，所闻必实，谐部中取谲谏，趣语含讥。计五日出一本……一论说，二群言，三刊学理精奇。……那浅说，有能力，足把社会转移。有谐文和笑话，最剩机趣，粤人声唱几句，足解人熙。那班本，唱上来绘声绘色，若公余，少不免，寄慨吟诗，新小说最可以把社会启迪……

他们认为，副刊文字要发挥感染力，必须图文并茂，通过图画，表现某种思想，因此要注意把握图画中蕴涵的思想情绪。《时事画报缘起》：“曩者申江常设漫画报，然坠于风流自赏恶习，于国家观念，绝无斯须之影响，国民乎，有梅兰菊竹之飘逸不羁主义，枯木印石图之自立强硬主义，风尘三侠图之武士道主义……百鸟归巢图竞争剧烈之独立主义，以警国民之眼帘，触国民之视线。”1903 年 12 月 29 日，郑贯公在香港创办了《世界公益报》，他“特注重诙谐文字及讽刺图画”，开设名为“警醒图”的“时事滑稽铜模画报”，[33]于是，漫画破天荒地出现在革命党人主办的报刊上。

第三，“察人情之趋向，激社会之热肠”——发挥报纸副刊的宣传鼓动作用。1904年3月，《广东日报》创刊。早期资产阶级革命报人郑贯公参与此报的创办，并主编文艺副刊《无所谓》。当时广西人民起义斗争正处于高潮时期，他在发刊词中声称，要“陈言尽扫，宣传革命之军；妙想自由，雅尚娱情之作”。1905年，郑贯公创办了《有所谓》副刊，他认为办刊的目的是要“抒旧时之策，警鸣世之钟”、“察人情之趋向，激社会之热肠”。[34]在创刊号上他撰写了《开智社有所谓出世之始声》，可以看作是种种观点的进一步阐发：“报纸者，以言论寒异族独夫之胆，以批评而褫民贼之魂，芟政界之荆榛，培民权之萌蘖”，因此要“察人情之趋向，激社会之热肠”，以达到“寓言讽时，讴歌变俗，因势利导，化无用为有用”的社会效果。强调发挥副刊的宣传鼓动作用，是资产阶级革命报人编辑思想的突出特色。到辛亥革命前夕，这种编辑思想进一步发展，主张编辑报纸要“为民请命”，向导国民，立国民之精神。于右任认为，报纸的使命在于“实行大声疾呼，为民请命”。[35]所以通过报纸，要使“民之声”互相传达，通过报纸“提倡独立之精神”，“培植独立之思想”。[36]《民呼日报》、《民立报》的办报思想也反映在副刊上，形成以谐文为主的战斗特色。《民立报》的副刊影响最大，位于第八版，创刊于1910年的9月9日，除于右任外，谈善吾、叶楚伧、王无生、邵力子、宋教仁（署名为宋温夫）等，其中，谈、王、叶擅长小说，对该报的副刊编辑起到了一定的作用。于右任在该报发刊词称：“并修吾先圣先贤、闻人巨子自立之学，以提倡吾国民自立之精神。”资产阶级革命报人的报纸副刊编辑思想的不足相当明显：他们把副刊当作政治宣传的工具，这在某种程度上忽视了副刊的审美、益智、冶情等功能。

在这一时期，《时报》副刊、《申报·自由谈》等商业性报纸副刊迅速发展，它们在编辑思想方面也时有发现——

第一，认为报纸副刊要“宗旨纯正，有益于社会”，强调编辑方式的创新，要起到“开风气”作用。1904年，《时报》创刊，包天笑参与该报的编辑并主持文艺内容的编辑。为满足文学爱好者的要求，该报另出附张，设立《小说》栏目，他以是否“有益于社会”、是否能“开风气”作为编辑指导思想。[37]《时报》创刊之初，开辟了《小说》、《介绍新书》、《词林》、《口碑丛述》、《瀛谈拾零》（专门刊登各国新闻花絮）等栏目，这些栏目分散在各个版面，与新闻、广告和言论混编在一起。包天笑按照自己的编辑思想，在这些文艺栏目之外开辟了《余兴》，以发表雅俗共赏的幽默小品文为主，除此之外，还刊登戏剧山歌、短篇小说、游戏文章、时装百美图。1916年，包天笑和毕倚虹创办了《小时报》，巧妙地把言论、趣味性新闻和文艺评论与文艺作品有机地结合起来，为以后综合性报纸副刊的发展在体制上奠定了基础。该报副刊的改革与包天笑的编辑思想有一定关系。包天笑认为，发表的作品要“宗旨纯正，有益于社会，有益于道德之作”。[38]包天笑已经认识到作品的通俗化对于大众的影响，它强调作品要通俗易懂，多采用口语。他认为，“文言夥而俗话鲜，颇以为病也。盖文学进化之轨道，必由古语之文学。中国先秦之文，多用俗话，观于楚辞墨庄，方言杂出，可为证也。然而，数千年来语言文字相去甚远，一旦欲沟通之，夫岂易易也。即如小说一道，近世竟译欧文，而恒出于词章之手，务为高古，以取悦于文人学子。”[39]

第二，发展了《消闲报》的“游戏”、“消闲”说，认为趣味性和娱乐性是副刊文化基本传播规律，副刊文化定位应雅俗共赏。《申报·自由谈》的创始人王钝根比较注重一般读者的阅读趣味，他虽然没有明确发表过关于副刊的编辑理论，但在他写的《礼拜六出版赘言》里可以看出其一贯的编辑追求。他认为，在都市生活中，阅读报刊是娱乐性的生活方式之一，正如这篇文章所说的那样，“游倦归斋，挑灯展卷，或与良友抵掌评论，或伴爱妻并肩互读，意兴稍阑，则以其余留于明之读之。情曦照窗，花香入座。一编在手，万虑皆忘，劳瘁一周，安闲此日，不亦快哉！”这种注重消闲性、娱乐性的编辑思想，在他为《快活》杂志写的祝词里表现十分鲜明——

现在的世界上，不快活极了，上天下地，充满着不快活的空气，简直没有一个快活的。……在这百不快活之中，我们就得感谢快活的主人，做出一本快活杂志来，鬼打架快活快活，忘却那许多不快活的事。我便把一般心香，祝快活长生，并祝快活的出版人，快活的撰述人，快活的读者，皆大快活。

讲究副刊的趣味性和娱乐性，要追求雅俗共赏的文化品位，这样才能更好地发挥报纸副刊的愉悦功能。王钝根主编《申报·自由谈》的时间近4年，其中的游戏文章栏目所占的比重很大，如《海外奇谈》、《博君一粲》，第一期的游戏文章《助赈会》，由王钝根写。后来《博君一粲》和《岂有此理》被改为《心直口快》、《千金一笑》，大多为轻松幽默的小文章。此外还有“古今见闻录”，刊登的是笔记小品。但仅追求娱乐消闲，就会消解副刊的思想文化意蕴，导致其审美功能缺席。以后，《新闻报·快活林》的创办者严独鹤把自己的编辑思想概括为几点，可以看作是对一味追求消闲、娱乐的编辑思想的反拨。他主张，副刊要有一定的文化品位。他把办刊的随想概括为四点：即一是“新旧折中”，所刊载的作品“未尝返依新化，也不愿独谈古调，殆其适中而已矣”；二是“雅俗合参”，为照顾大多数读者，刊载的作品要“颇取通俗，求适群众，但浅薄无味或卑俚不可卒读者，也概不阑入，冀其俗不伤雅”；三是“不事攻讦”；四是“不涉猥亵”，“诲淫之作，败俗之文”一律不予刊登。[40]

新文化运动时期是中国报纸副刊思想发展的第三个阶段。经过了新文化运动民主与科学精神的洗礼，这一时期的报纸副刊的编辑形式和文化内涵都发生了前所未有的变化，以《晨报副刊》、《时事新报·学灯》、《民国日报·觉悟》和《京报副刊》为代表的四大副刊成了现代知识分子的话语空间。这一时期的副刊编辑思想也渗透了民主与科学的精神，表现出以文化启蒙为主旨、多种思想并存的多元化办刊思想。这些思想是对当时副刊编辑实践性的成果和学理性总结。李大钊、孙伏园等人的编辑思想很有代表性。

第一，以文化启蒙为基本思想，提倡副刊要知识性趣味性并重。李大钊把报纸作为启蒙的媒介，把文艺作为启蒙的武器，这些基本的思想贯穿在他的编辑过程中。在他主编《北京晨报》第七版时，不断介绍马克思主义理论等西方先进思想，注意选择刊登具有民主意识的文艺作品。他认为，“由来新文明之诞生，必有新文艺为之先声，而新文艺之勃兴，尤必赖有一两哲人，犯当世之不韪，发挥其思想，振起自我之权威，为自我觉醒之绝叫，而后当有众人之沉梦，赖以惊破。欧人促于科学之进步，而为由耶教桎梏解放之运动者，起于路德一辈之声也。”[41]李大钊把新闻事业看作一种“活的事业”和“社会事业”，因此，要想发挥新闻传播的社会影响，就要以大众为本位，把知识性和趣味性结合起来。如何传播那些抽象的科学和民主思想，他认为，在具体编辑过程中，要恰当地运用起来，让那些抽象的思想变活，让读者发生兴趣。“譬如平日登些克鲁泡特金的学说，人便全不会注意，若当接到克鲁泡特金逝世的消息，那一天，把他的历史，他的学说，写出来贡献在社会上，便可以引起社会一般人的注意了”。而对于那些死的材料，要“随着活的事表现出来，便是活的，有趣的材料，最好的材料，若作平日充满篇幅之用，因为它与现实的生活不相关联，于阅者也丝毫不发生兴趣。照这样下去，一切科学的知识，都可以觅得机会，利用一切活的事实，输入给大家。例如新疆、甘肃发生地震，我们便去访问地质学家。太阳忽然发生红光，我们便去访问天文学家。某种政治发生问题，我们就去访问政治学家。请他们就此事实为学理上的说明”。[42]可见，与之前的副刊编辑思想相比，李大钊注重探索副刊的文化传播方式和内在运作规律。在此基础上，孙伏园对副刊文化传播的规律有了更进一步的认识。他认为，报纸副刊应该做“生活的指导”，但“正当作用就是供给人以娱乐”，文学艺术这一类的作品，“是日报附张的主要部分，比学术思想的作品尤为重要”。他对副刊容纳的文体也有自己独到的认识。他提倡小品文和短篇批评，因为“这类文字最容易引起人的兴趣”。除此之外，注重副刊文体的丰富多样性，如小说，“伸长了的短评，不能演的短剧，描写风景人情的短剧，和饶有文艺趣味的散文，这一类的文字在作家或嫌其仅属断片而任其失散，而在日报则取其所含思想认为有登载之可能”。[43]孙伏园强调的娱乐功能，其目的是为读者提供文化享受，更好地发挥副刊的认识功能、教育功能。

第二，提倡互动办刊，与读者交流思想。孙伏园认为，编副刊要注意读者反馈的意见。曾经有读者向他反映，“晨副”在谈哲学、文学方面的东西时，“有些东西太枯燥了”。孙伏园从中吸取教训，他认识到，“我们在斟酌材料的性质，分配分量的多寡时，所依赖的重要依据，第一件自然是我们自己的宗旨，但是第二件就全在观察读者的意见”。[44]副刊的文化传播要考虑中国特定时期大众的文化素质，他认为“在中国今日：特殊的情形——教育不发达，以本人没有常识，没有研究学问的兴趣——之下，日报的副刊如本刊及《学灯》、《觉悟》，要间谈哲学科学，自是绝不可少。但是我很希望各种专门或普通的学问，都渐渐的有人起来组织杂志从事研究和传播，使我们日报的附张卸除这个重担，仍恢复原来的地位，让人不把它当作讲义读，却把它当作高等娱乐的场所看”。“为了这个问题，我打算孱入有趣的材料”。[45]所以在孙伏园执编时期，他注意寻找大众所关心的问题，力图把副刊办成一个文化社区。他常常采取民意测验和讨论问题的方式，将学院文化精英和社会大众引入副刊这个话语空间，使文化精英的思想渗透到大众中去，以便在文化思想层面推进启蒙的进程。

第三，以大众为本位、兼容并包、以多元化思想办刊。上海《新闻报·快活林》的主编严独鹤认为副刊的性质应该“兼容并包”，就选材而言，要“注意到世界、国家、社会、家庭、个人各方面，从大事以至小事，随时有讨论的题材，要着眼于政治、经济、文化、教育、科学、技术、艺术各部门，从正面以及侧面随处有写述的资料”。他提出，“副刊的读者是大众，包括全国各阶层人物，副刊的编者，如其想到适应读者的需要，也就须适应大众的需要，这便是说一项副页的内容，想最好是要做到大众都能接受，都能领略，都能欣赏……”因此副刊的内容结构和文化品位有四个标准，即：“秀雅而不深奥”、“浅显而不粗俗”、“轻松而不浮薄”、“锐利而不尖刻”。[46]在这一点上，孙伏园和他的主张大致相同，他主张副刊刊登的内容要“杂”，思想上要“兼收并蓄”，因而提倡争鸣。“五四”时期是中国知识界思想十分活跃的时期，古今中外的文化思想在这个特殊的时代大汇合、大碰撞、大交流。“五四”时期一些报纸副刊的编辑已经认识到，能否利用副刊包容各种思想意识，这是办好副刊的关键，也是现代知识分子的话语空间存在的前提因素之一。

注释：

[1] 据戈公振《中国报学史》（北京：三联书店，1986年版）一书的有关资料。

[2] 雷瑨：《申报馆之过去状况》，载申报馆成立50周年纪念特刊《最近之五十年》，1922年。

[3] 孙玉声：《报海前尘录》。转引自徐载平、徐瑞芳《清末四十年申报史料》，北京：新华出版社，1988年版，第30页，

[4] 据郑逸梅《艺林散叶荟编》一书提供的（北京：中华书局，1995年版）中的有关资料。

[5] 孟子：《孟子·滕文公下》。

[6] 顾炎武：《日知录》卷十六，《拟题》。

[7] 顾炎武：《日知录》卷十六，《经义策论》。

[8] 李渔：《二曲全集》卷十二，《旷时要务》。

[9] 雷瑨：《申报馆之过去状况》，载申报馆成立50周年纪念特刊《最近之五十年》，1922年。

[10] 李伯元：《论〈游戏报〉之本意》，《游戏报》第63号，1897年8月25日。

[11] 吴趼人：《李伯元传》，《月月小说》第一年，第三号，1906年11月。

[12] 据孙伏园《鲁迅先生二三事》（石家庄：河北教育出版社，

2000 年版）提供的资料。

［13］据荆有麟《鲁迅回忆》（上海：上海杂志公司，1947 年版）提供的资料。

［14］据《新闻界人物》（北京：新华出版社，1983 年版）提供的资料。

［15］马克思恩格斯：《马克思恩格斯全集》第九卷，北京，人民出版社，1979 年版，第 110 页。

［16］同上。

［17］张爱玲：《童言无忌》，《中国现代四大才女散文集》，郑州：中原农民出版社，1996 年版，第 109 页。

［18］据陈明远《文化人与钱》（天津：百花文艺出版社，2001 年版）一书提供的有关资料。

［19］黄协埙：《本报最初时代之经过》，载申报馆成立 50 周年纪念特刊《最近之五十年》，1922 年。

［20］资料来源于《申报》，1874 年 8 月 4 日。

［21］方汉奇主编，《中国新闻事业通史》（第一卷），北京：人民大学出版社 1992 年版，第 325 页。

［22］鲁迅：《我和〈语丝〉的始终》，《鲁迅全集》（第四卷），北京：人民文学出版社，1991 年版，第 164 页。

［23］曹聚仁：《邵力子和〈觉悟〉副刊》，转引倪波、穆纬铭主编：《江苏报刊编辑史》，南京：江苏人民出版社，1992 年版，第 315 页。

［24］王韬：《上潘伟如中丞》，转引童兵：《20 世纪理论与新闻传播学·理论新闻学卷》，上海：复旦大学出版社，2002 年版，第 60 页。

［25］郑贯公：《拒约必须急设机关日议》，转引邵培仁：《20 世纪理论与新闻传播学·宣传学和舆论学卷卷》，上海：复旦大学出版社，

2002 年版，第 78 页。

[26]《论游戏报之本意》，《游戏报》第 63 号，1897 年 8 月 25 日。

[27] 同上。

[28] 吴趼人：《月月小说序》，《月月小说》，1906 年 9 月。

[29]《沪报附送消闲报启》，《消闲报》第二号，1897 年 11 月。

[30] 吴趼人：《月月小说序》，《月月小说》，1906 年 6 月。

[31]《本报创刊一周年纪念文》，《南越报》，1910 年 6 月。

[32] 认生：《时事画报出版感言》，1905 年 9 月。

[33]《世界公益报》发刊词，1903 年 12 月 29 日，。

[34]《有所谓》发刊词，1905 年 6 月 4 日。

[35]《民呼日报》发刊词，1909 年 5 月 15 日。

[36]《民立报》发刊词，1905 年 5 月 15 日。

[37] 胡适：《十七年的回顾》，转引戈公振：《中国报学史》，北京：三联书店，1986 年版，第 143 页。

[38] 1915 年，《小说大观》发刊词。

[39]《小说画报》发刊词，1917 年。

[40] 转引冯并：《中国文艺副刊史》，北京：华文出版社，2001 年版，第 160 页。

[41]《〈晨钟〉之使命》，《晨钟报》创刊号，1916 年 8 月 15 日。

[42] 李大钊：《在北大新闻记者同志会成立大会上的演说词》，《晨报》，1922 年 2 月 14 日。

[43] 孙伏园：《理想的日报附张》，《京报副刊》，1924 年 12 月 5 日。

[44]《晨报副镌》，1922 年 11 月 11 日。

[45] 同上。

[46] 严独鹤：《副刊的要点》，转引王文彬：《中国报纸的副刊》，北京：中国文史出版社，1988 年版，第 29 页。

第三章 报纸副刊的孕育

第一节 近代早期报刊上的文艺性文字

作为一种新的文化传播方式，早期报纸副刊是随着近代报刊不断发展而孕育、萌芽的，其编辑形态和编辑方式也经历了一个不断演变的过程。

副刊的孕育萌芽期，是指中国近代早期报刊上出现的一些带有文艺色彩的文字，这些文字一般与政论、新闻、广告等文字混合编辑在一起，没有固定的栏目和版面，也没有固定的人员专门编辑这些文字。

近代报刊刊载文艺性的文字，可追溯到 1815 年创刊的我国近代第一份中文期刊——《察世俗每月统记传》，在这份外国传教士创办报刊上，就已出现少量的杂谈、诗词等文艺性的文字。这份刊物以传播基督教为目的，当时，基督教教义在中国人心中非常陌生。主编米怜为便于中国人接受，在那些宣传教义的文章中，也夹杂一些诗词，这样显得文章有文采，空洞说教的味道就会淡些，文章才"方使众位也悦读"。[1]

1833 年，普鲁士传教士郭士立在广州创办了中文期刊《东西洋考每月统记传》，其宗旨在向国人宣传西方文化，"从而清除他们那种高傲和排外的观念"。[2] 为了引起中国读者的兴趣，《东西洋考每月统记传》的主编采取了一些新的编辑方式：一是增加了有关科学知识的内容，二是加强了文学方面内容的编辑业务。值得注意的是后者，在道光十七年出版的《察世俗每月统记传》中，先后刊载的有《诗》、《李太白文》、《苏东坡词》、《东都赋》。在其中的一册里，编辑专门介绍了古希腊著名诗人荷马富有传奇色彩的生平事迹，同时也介绍了他的名作《伊里亚得》（今译为《伊里亚特》）。在这篇

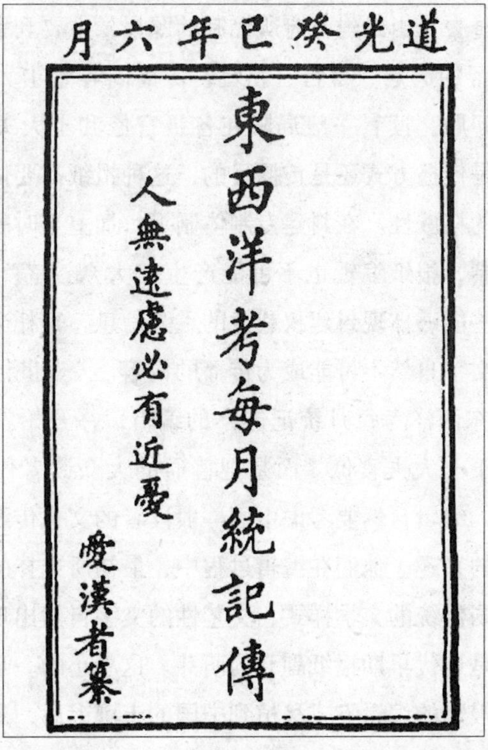
道光癸巳年六月

東西洋考每月統記傳

人無遠慮必有近憂

愛漢者纂

图 12　郭士立创办的《东西洋考每月统记传》

文章中，作者委婉地批评了中国人的文化保守主义，认为“独诵李太白、国风等诗，而不吟诵欧罗巴诗歌词，恃思外夷无文无词”，[3]认为希腊的荷马、英国米尔顿的作品是最优秀的文学作品。

近代早期的报刊上出现的这些文字，预示着中国报刊发展的一次“革命”，撒下了孕育报纸副刊的种子，同时，为日后报纸扩大读者对象、强化报纸传承文化的社会功能打下了初步的基础。过去，由封建政府所控制的邸报，主要刊登“官场行情”和皇帝的起居、言行、朝旨，传播内容是士大夫官僚们最关心的问题，读者一般局限在各级官僚和士大夫文人圈子里。无论是传播方式还是传播目的，这种报纸都要体现最高封建统治者的权威性。在封建专制体制下，加上当时的印刷出版条件的限制，报纸编辑也不可能产生“大众读者”意识，只能选择那些能够体现封建权威性的重大信息，寄托个人情感的文艺性的文字自然不可能成为传播的内容。《察世俗每月统记传》和《东西洋考每月统记传》的编辑，一开始就不把读者对象定位于士大夫官僚，而是把普通的大众读者作为一般读者。这样，编辑自然要考虑中国一般读者的文化传统、阅读心理和共同的兴趣。他们在编辑过程中，最初所选择的诗词散文文体是中国传统的文学样式，文艺性的文字自然出现在了报刊上，这就是近代早期报纸副刊的萌芽。这小小的一步却可以看出，西方报刊的编辑方式移植到中国的土壤上后，要想适应中国广大的读者，就必须和中国特定的文化传统相结合。在早期外报进入中国本土的同时，中国文化背景下的阅读需要与西方报纸的编辑方式结合起来，这个过程正是中国报纸副刊孕育、萌芽的发展过程。

在以后的几十年里，报刊上经常出现文艺性的内容。如《特选撮要》（1823 年创刊于雅加达）已经出现《杂俎》栏目，刊载一些随笔和诗词。1854 年创刊于宁波的《中外新报》每期 4 页，除了刊登新闻、宗教和科学等方面的内容外，诗词、小品等文艺性的文字也经常出现在报端。1857 年，上海出现了第一家中文报刊——《六合丛谈》，由英国传教士亚历山大·伟烈亚力主编，上海墨海书馆印刷出版，仍使用书版面式的版面，每期都有文艺性的内容，但并没有专门的编辑，所刊载的这些文字也没有固定的位置。但以后出现的《六合丛谈》曾一连多期将文艺性的文字固定在同一个栏目下。这种新的编辑方式最早出现在 1857 年 4 月 24 日第四号的《六合丛谈》上。现将该期的内容目录按刊登的顺序照录如下：

1857 年 4 月 24 日第四号的《六合丛谈》

月历

地理　（英）慕维廉

洲岛论

西学说　（英）艾约思

古罗马风俗礼教　罗马诗人略说

真道实证（续）　（英）韦廉臣

用强说　韩应陛

买都思行略

泰西近事述略

南洋近事

杂纪

上海二月二十一日至三月二十五日进口之货价与交易单

上海二月二十一日至三月二十五日出口之货价与交易单

从编辑所安排的这期内容的先后顺序上可以看出，文艺性的内容被放在了比较靠前的位置，论说性的文字和一些新闻性的文字被置于文艺性文字之后。《古罗马风俗礼教》、《罗马诗人略说》两篇文章带有一些文艺色彩。前者，介绍西方文化生活传统；后者，把西方有影响的诗人一一列举。这样的内容让人耳目一新。编辑在稿件的处理上，有意突出这些内容，并力图作为一个议题，故以《西学说》这样的栏目统领两篇文章。第四号之后，《西学说》这一栏目中断了两期。在第七号到第十三号上，《西学说》这一栏目又接连出现，发表的文章多与西方宗教文化有关。可以看出，主编亚历山大·伟烈亚力创办此刊的目的是为国人开一扇窗口，打破国人的天朝意识，动摇国人以四海为蛮夷的盲目排外心理，让国人接受他们的宗教思想。因此，在处理东西方文化背景的话语时，如果缺乏一定的艺术性，不仅不会引起中国读者的兴趣，还会招致中国读者的反感。这恐怕是编辑有意突出文艺性文字的一个重要因素。

1861 年 11 月，由上海字林洋行主办的《上海新报》创刊，开始为周刊，1862 年 5 月 7 日改为隔日刊，1872 年以后改为日刊。在该报的发刊词中，编辑声称，“大凡商贾贸易，贵乎信息流通。本行因此新报，所有一切国政军情，世俗利弊，生意价值，船货往来，无所不载”。显然，这张报纸是按照商业性目的来经营的。与以前的报刊相比，该报在版式上有所革新，不再采用书版式的版面，而是使用大开纸的版面形式，大约相当于今天普通报纸四分之一大小的版面，高约 40 厘米，长约 29 厘米。由于该报采用两面印刷，加之采用了大开纸的版面，这样，与过去单纯的书版式版面相比，新式版面在编排各类内容的文章方面显得从容有余。随笔、诗词和杂谈之类的文章，与那些商业性的信息相间，既可以调节读者的阅读心理，也可以增加文章品种。就初期的版面来看，上面刊登的文章长短错落，文字疏密相间，报纸版面处理还用一些图案、线条进行美化，版面的视觉效果增强了许多。这样的版面处理，为该报以后增加文艺性方面内容

上海新報

图 13　创刊初期的《上海新报》

提供了较为宽裕的版面空间。1863年以后，该报介绍科学知识方面的文字不断增加。1867年以后，该报文艺性内容的品种逐渐增加。值得注意的是，这一时期，不断有中国人加盟协助编辑，一些符合国人阅读习惯的随笔、寓言故事、游记文学、诗词歌赋、海外奇闻、风物小志等文章不断刊载在版面上，品种较为丰富。1872年《申报》创刊，该报有了竞争对手。为了吸引读者，该报主编英国人伍德注意研究中国人传统的阅读兴趣，有意把刊登的文艺性文字和中国的文化传统结合起来。编辑在处理版面时，有时将文艺性文字集中刊登，同时配上插图，图文并茂，突出报纸版面在视觉上的美感。其中一期报纸在报头上刊登黄浦江景色：巨厦帆影之间是该报的报名，用美术字加以点缀，再加上版面上的文人诗词等文艺性的文字，整个版面的文艺氛围就突出了出来。

1872年4月30日，《申报》在上海创刊。该报为英国商人美查和伍华德合资开办，办报思路"大抵以行业营生为计"，"但亦愿自伸其不全忘义之怀也"。[4]该报不仅明确了商业性的办报宗旨，还确立了读者定位——"此报乃与华人阅看"。[5]

初期的《申报》对于副刊发展有着突出的贡献：一、主笔重视刊登文艺文字，使文艺性的文字与新闻、言论、广告一起，组成近代报纸编辑业务初期的运作模式；二、编辑使正报的功能进一步延伸，大胆探索新的编辑方式——副刊编辑方式。取得这些成就，有以下几个因素：第一，该报虽然为英国商人美查主持经营，但不像《上海新报》那样由传教士主持

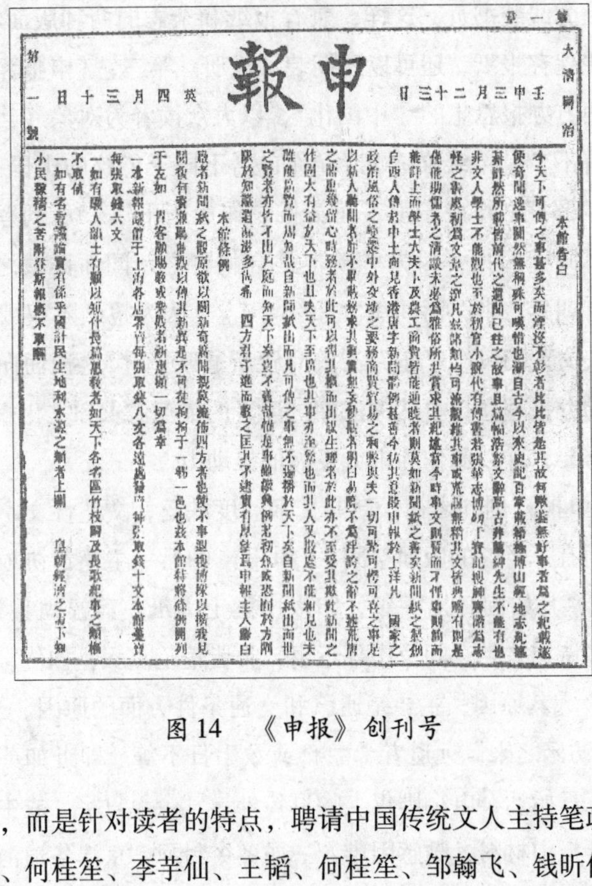

申報

第一號

大清同治壬申三月二十三日

英四月三十日

本館告白

本館條例

图 14　《申报》创刊号

编务，而是针对读者的特点，聘请中国传统文人主持笔政，蒋芷湘、何桂笙、李芋仙、王韬、何桂笙、邹翰飞、钱昕伯、蔡尔康等文人先后担任过该报的主编。由于中国报人的潜心经营，西方的报业经营模式、编辑思想与中国深厚的文化传统结合了起来。第二，《申报》版面形态与《中外新报》不同。该报为方形版面，大约 26 厘米高，26 厘米长，版面编排灵活，可以容纳较多的内容，为以后报纸上开辟文艺栏目提供了必要的版面空间。该报开始一般每天出 4 个版或 3 个版，每个版其实是一方线装书页，这样，兼有报纸和杂志的两种版面特点，读者想保存报纸，还可以逐期装订成册。第三，《申报》注意促进西方办报思想的“中国化”，以大众读者为对象（当时的读者有不少是传统文人），宣称自己不同于传统的中国报纸，强调“邸报之作成于上，而新报之作成于下”。[6]所刊登的内容也不同于旧报，因为“新报是合朝野之新闻而详载之，京报仅有朝廷之事，而闾里之事不于”。[7]认为报纸不仅要适合士大夫文人阅读，“亦为工农商贸所通晓”。[8]这种面向大众读者的办报理念，自然关注中国读者的审美需求和文化娱乐方面的需要，并以此作为报纸发展的推动力。

《申报》创刊之初，新闻文字一度缺乏，文艺性文字的刊载反而有了足够的版面空间。《申报》的另一主笔黄协埙后来回忆，“其始间日出一纸，印以中国毛太纸，篇幅固甚狭小，所载多诗文之类。间及中外近事，类皆信笔点缀，如传奇小说然”。[9]究其原因，主要是通讯和交通条件方面的原因。当时，“各部访函之来，远道者十数日或数十日不等。即近如苏杭亦须二三日始达，电报则仅上喻可传外，其余无只字。故主政者于每日报中材料，颇感困难。一届冬令封河，京津各道消息不通。除各官署封印以后，未至开印，公牍俱无。致巧妇尤难做无米之炊。不得已，乃以论说充满篇幅，间及诗词杂稿。”[10]这反映出交通和通讯条件的不发达是促成报纸不断刊载文艺性文字的一个基本因素。报纸版面上刊载文艺性文字的不断增多，也自然会形成特定的读者群和作者群。就作者群来看，这些文字基本上是那些无心科举、具有文化叛逆意识的中国传统文人所创作。当时的报人雷琦曾记，“政界中人，咸雍容喻扬润色鸿业，为博取功名富贵计，对于报纸既不尊崇，亦不甚忌嫉，而全国社会优秀分子大都醉心科举，无人肯从事于新闻事业，唯落拓文人，书狂学子或借报纸抒发其抑郁无聊之意兴”。[11]可见，当时一般走“正路”的传统文人是不屑于写作、发表这些文字的。就读者而言，这些文字的阅读范围可能停留在文人圈中，他们一般喜欢阅读“一为各省各埠琐录，如考场文字，书院题目，与夫命盗灾异以及谈狐说鬼等等”；也有一些文人，他们既是读者又是作者，利用报纸为他们提供的空间，“彼此唱和，喋喋不休，或描写艳情，或留恋景物，互矜风雅，高据词坛，无量数斗方名士，咸以姓名得缀报尾为荣”。可见，这部分读者兼作者，发表这些文字的目的不过是为了显示风雅而已，但客观上促进了报纸刊登文艺性文字风气的形成。值得注意的是，围绕着这些文字的刊登，该报已经形成了两个以报纸主笔为核心的松散的文社组织——“尊闻阁”和“白桃花吟社”。这两个文社组织对以后创办《瀛寰琐纪》等文学月刊起了很大的作用。

当时，《申报》刊登文艺性文字的位置并不固定，基本没有固定的编辑，也没有一定的编辑方式，文字的品种主要是诗词、歌谣、笔记文、书院题词、考场文字等等。从该报第二号起，刊登的文艺性文字逐渐增加，有时占据一两个版的篇幅。如署名为南湖衡梦庵主的《观西人驰马歌》，反映了世纪末上海的娱乐业的发展，以及此种场景中文人士大夫的生活形态。值得注意的是，1883 年春出版的一张《申报》，文艺性的文字占据两张（版面），四号字长行密排，大约容纳4000多字篇幅。头题为长篇游记文学连载，其余为诗词杂咏，表现的是文人的闲情逸致。如署名为金陵董实岱甫的诗《消寒四咏》，隐隐流露着世纪末传统文人的颓废情绪。另有招隐山人《申江记事六十首》，以叙事诗的形式细致描写上海的风土人情。

从文化形态上看，初期《申报》的副刊性文字基本没有新闻性，编辑更缺乏关注现实的意识，表现的题材较“软”，多是风花雪月，缺少思想性，文体多以诗词、游记为主。《申报》第一任主笔蒋芷湘，热衷科举，在他的任期内，竟把闱墨试帖、八股时文刊登在报纸上，就文艺性文字的作者来看，大多是一些不走“正道”的文人狂士，缩写的文字常常带有游戏色彩，这更加剧了文字的软化倾向。

除了诗词和游记文学外，这时的《申报》编辑已经有了把新闻与文艺结合起来的意识。这种初步的文体意识的自觉，使报纸上刊登的文艺性文字具有了一定的时代色彩。1872年，该报多次连载王韬翻译的《普法战争》，以后又连载了描写鸦片战争中上海陷落的纪实文学《十三日夷难备尝记》。最早刊登的政论文字偏重于知识性、趣味性，如《鸦片论》、《斗鹌鹑论》、《象说》，这类政论文字带有杂谈特点，写得很有趣味性，文艺色彩较浓，其目的在于道德劝诫。

总的来看，由于没有固定的专门编辑，也没有固定的栏目和版面，这些文艺性文字在报纸上难以形成一定的编辑形态，加之编辑没有明确的编辑指导思想，副刊的编辑方式也难以确立。1872年11月，《申报》创办了文艺性期刊——《瀛寰琐纪》，由于该刊与报纸的编辑业务联系密切，其中所使用的编辑方法对以后报纸副刊有一定影响。这些新的编辑方法，可以看作是近代早期报纸编辑在编辑业务方面的创新。

第二节 副刊编辑方式的出现

《申报》创办之初，刊登的文艺性文字呈现出不断增加的趋势，一个重要的原因是中国文人加盟办报。这些文人基于中国传统文化的背景，为外国现代报纸编辑方式与中国文化的结合提供了条件。《申报》创办的《瀛寰琐纪》就是这种结合的产物，该出版物为月刊，为我国最早的文学期刊。1872年11月创刊（同治十一年十月），共出版28卷，每期24页，每页大约1000字左右，装订为24开线装本。每期大约发表25000字。为了便于分析该刊的编辑形态，现将第一卷目录（全部）按文章刊登的顺序排列如下：

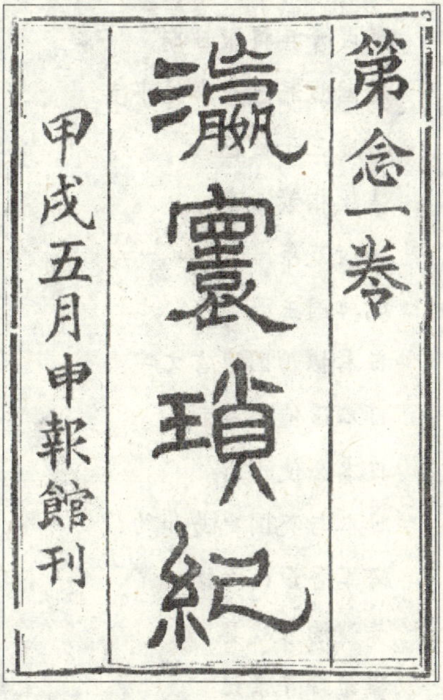

图15 《申报》创办的《瀛寰琐纪》

1872年11月（壬申十月）

瀛寰琐纪叙 蠡勺居士
开辟讨论源论（地震附见） 苕溪包谷子述
天终日行地月各球总论 苕溪包谷子述
海外见闻杂志（露香港新报）
欧洲大势论
俄国征乌坚尼亚岛
英国煤矿震裂
英朝拒绝云南回匪乞师之举
戊戌普兵将撤日期
法国归罪巴彦事纪事实
法废王子被逐
美故相萧活卒
高丽荒年
瑞典国王薨
日本拟西国语言文字
日本遣使出高丽
日本公使出游
日本与英国更易和约
黔军香炉山之捷
普俄均修战具
程匆卿寻亲记 金华朱允成子钦
欲乐国记 小吉罗庵主
醉言十五则 钵池黄钧宰天河氏

顺风说一、二	小吉罗庵
恭拟大婚礼成贺表	径山樵子
题徐笑山秋窗独坐图	天河饮犊子黄钧宰比玉楼余集
题叶小鸾眉子砚南曲	天河饮犊子黄钧宰比玉楼余集
和眉子曲	琴川女子吴逸香
花史二则	双红豆馆主
白桃花吟社唱和诗（并序）	龙湫旧隐
一	龙湫旧隐
二	咏雪主人
三	鹭洲诗渔
四	绿天居士
五	味镫诗主人
六	听蕉生
七	醉乡仙史
八	拈红豆寮主人
九	梅村逸史
十	昆池钓图
十一	蕉梦词人
十二	半痴道人
十三	苍口主人
十四	怡红馆主
十五	绿萼花龛诗隐
十六	西畴桑者
十七	诗钵斋主人

十八	姚江逸史
十九	香海词人
二十	龙江酒徒
二十一	琴罔居士
二十二	来吟仙史
二十三	懒香女史
二十四	雅如女史

从编辑方式上看，《瀛寰琐纪》是正报内容和编辑业务的延伸。首先，该刊的编辑仍然是申报的编辑，最早参加编辑的有李芋仙、王韬、何桂笙、邹翰飞、钱昕伯、蔡尔康等人，他们也是《申报》的编辑。其次，刊登的稿件多是该报的编余产品，或者说是编余稿件的再次利用。再次，作者队伍也多是本报的正报作者，其中“尊闻阁”和“白桃花吟社”两个文社的成员占去了这些作者的大半。就版面处理而言，编辑注意图文并茂；就题材内容的分配来看，每期的文艺性内容大约占60%左右的比例，且种类很多，有传奇故事、游记文学、游戏文字、美术作品、文人作品选录等。其余多是一些国内国际新闻，这些新闻较注重知识性和趣味性，处理得比较突出。从编辑体例上看，前后28卷大多有章可循。一般政论文字放在突出位置，新闻置于其后。接下来一般安排刊登笔记小说、杂谈、游记文学等品种，最后是文人诗词。该刊还有自己的编辑思想，海上蠡勺居士在《瀛寰琐纪叙》里谈道：“尊文阁主人慨然有远志焉。思穷薄海内外，寰宇上下，警奇骇怪之谈，沈

博绝丽之作，或可以助测星度地之方，或可以参济事安民之务，或可以致格物之神，或可以开弄月吟风之趣味。博收广采、冀成钜观。”因此“提倡风雅，发挥文墨”，以满足更多的读者为编辑目的。

与外国传教士主办的报刊相比，《瀛寰琐纪》在文化形态上基本属于本土文化传统，文艺色彩的内容占主要地位，刊登的作品符合中国人的审美习惯，而在外国传教士主编的报刊上，文艺性的内容只占很少的一部分。现将同一时期美国人丁韪良主编的《中西见闻录》（1872 年 8 月在北京出版）第一号上的内容目录按顺序列出，其中文艺性的内容所占的比重可见一斑：

第一号（1872 年 8 月）

中西见闻录序

论土路火车（附图）　　（美）丁韪良

泰西河防（未完）　　（英）艾约思

地学指略（未完）　　（英）包尔腾

西国数目字考

衣食解（天文馆课）（附图）

俄人寓言

法人寓言

某客问旱磨

答某客问旱磨　　（美）丁韪良

某客论读书法（二则）

上海近事 （美）丁韪良
日本近事 （美）丁韪良
英美近事
阿尔兰近事
伊大利亚近事

《中西闻见录》（1874年4月第21号）曾刊有“驴驮圣物”、“金卵鸡”、“忘恩狼”等寓言故事5则。这些寓言故事带有一定的宗教成分，即使那些不带宗教成分的文字，也或多或少的带有道德劝诫色彩。以美国传教士林乐知主编的《万国公报》（1868年9月创刊于上海，在前300期名为《教会新报》）为例，该刊先后刊登过曹子渔的寓言故事，还有当时流行的《劝戒吸烟人十败诗七律》、《十恨诗七律》、《十懒诗七律》、《十悔诗》、《十弃诗》、《十戒诗》、《十求诗》、《十听诗》、《我劝吸烟人十想诗》。在465号之后又出现了《杂说》栏目，所谈大多是《死鬼不如活人说》、《酬谢神不如救命说》，这类文章虽然具有杂文的特点，但也夹杂着一些宗教意味。

《瀛寰琐纪》的出现，刷新了报刊文化的传播形态。在传播功能方面，《瀛寰琐纪》的编辑形态呈现出与主报互相补充的作用。《申报》集中刊载新闻、言论和广告，所刊载文艺性文字比较零碎分散，而且位置也不固定，在报纸版面上没有相对独立的地位。事实上，作为大众传播媒介的报纸，除了报道新闻、表达舆论外，还应发挥传播新闻、引导舆论、提供娱乐、丰富读者的文化生活的功能。从报纸媒体传播规律来说，传播新闻、引导舆论一般由主报承担，副刊更多地承担提供娱乐、丰富读者文化生活的传播角色。就创刊号这一期的内容来看，能够发挥审美、娱乐功能的作品占了多数。在以后多期的《瀛寰琐纪》上，还刊登长篇小说，先后连载了英国小说《昕夕闲谈》（王韬翻译）、日本小说《江户繁昌记》（作者署名“静轩居士”）。刊登这些作品的目的，正如本刊的作者海上蠡勺居士所说，用小说“启发良心、惩韧逸志”，“明于庶物、察于人伦”。[12]在传播内容方面，“由于现实生活的广阔性和读者需要的多样性，新闻版所提供的内容对读者来说尽管是十分必要的，但有些时候尚不能满足，需要专副刊加以补充和解释，加以深化和开掘”。[13]就此意义而言，《瀛寰琐纪》刊载的政论文章，在内容上起到了延伸《申报》新闻版的作用。这些文章多取材于现实中大众关心的社会问题，写法上注重新闻素材和文学手法的结合。如 1873 年 1 月第三卷刊登的《内地轮船禁止议》、1873 年 3 月第五卷发表的《建中探本论》、《论沪滨形势》（暨阳太瘦主）、1873 年 8 月第八卷刊载的《淮南北善后工作议》（金坡废吏）、《理财论》等，这些政论文章都针对当时突出的社会具体问题，有感而发，引人思考。若把这些篇幅较长的政论文章放在主报上发表，不仅版面无法全部承载，即使在正报上刊登了，也可能因为篇幅过大，其他品种的文章难以处理；而放在《瀛寰琐纪》里，完全可以围绕当时大众感兴趣的社会问题，深入探讨下去。这样的编辑方式，不仅传播了知识，扩大了读者的精神视野，而且发挥了与正报互相补充的作用。在传播方式上，《瀛寰琐纪》的编辑注意灵活选择文体的种类、设置的议题和谈论问题的角度。以文体而言，《申报》版面上几种主要文体无外乎政论、新闻、广告，而《瀛寰琐纪》里仅文艺性的文体就有散文、杂感、诗词、小说、笔记等10多种，其传播方式自然比主报灵活了许多。

从出版时间上分析，《申报》最初为双日刊，自第5号起改为日刊（星期日不出版），《瀛寰琐纪》为月刊，出版节奏显然差别太大。从发行方面来说，《瀛寰琐纪》不与报纸一起发行，而是自己单独发行。硬说它是《申报》的副刊，显然难以成立。但基于上述分析，《瀛寰琐纪》的编辑方式及其编辑形态正是后来报纸副刊发展的模式，在这种意义上说，副刊编辑方式在这里孕育并初步成型了。

注释：

［1］米怜：《察世俗每月统记传·序》，《察世俗每月统记传》，1815年8月。

［2］1833年8月《中国丛报》，转引自方汉奇主编《中国新闻事业通史》（第一卷），北京：中国人民大学出版社，1992年版。

［3］转引方汉奇主编：《中国新闻事业通史》（第一卷），北京：人民大学出版社，1992年版。

［4］《论本馆作本报本意》，《申报》，1873年10月11日。

［5］戈公振：《中国报学史》（插图本），上海：上海古籍出版社，2003年版。

［6］《邸报别于新报》，《申报》，1872年7月13日。

[7]《论中国新报异于外国新报》,《申报》,1872年4月30日。

[8]《论本馆作本报本意》,《申报》,1873年10月11日。

[9]《本报最初时代之经过》,原载徐忍寒编著《申报七十七年史料》,上海文史馆印,1962年。

[10] 海上漱石生:《新闻报三十年之回顾》,载《新闻报三十年纪念》,上海新闻报馆编印,1923年。

[11] 雷琦:《申报馆过去之现状》,刊载于《最近之五十年》,上海,申报馆出版,1922年版。

[12] 海上蠡勺居士:《昕夕闲谈小序》,《瀛寰琐纪》,1873年(3)。

[13] 郑兴东等著:《编辑学教程》,北京:中国人民大学出版社,2001年版,第386页。

第四章 早期报纸副刊的初步成型

第一节 画刊、报纸“单页”与副刊的关系

近代早期报纸刊登的文艺性文字孕育了副刊，而一些文艺性刊物所创造的新的编辑方式，则给后来报纸副刊编辑形态的建构提供了一些借鉴，并逐渐成为以后报纸副刊编辑的基本手段。《申报》创办的《瀛寰画报》和《点石斋画报》则比较有代表性。

《瀛寰画报》和《点石斋画报》的产生，是《申报》在编辑业务方面大胆探索、大胆尝试的结果。1884 年 9 月，《申报》出版了《瀛寰画报》，这份刊物的问世，标志着《申报》在大众化报刊的编辑实践方面迈出了一大步。由于资料的限制，我们无法看到这份刊物的全貌，但从后来《申报》馆刊行的《申报馆书目》所介绍的关于此刊创刊号上的一些内容，我们对这个刊物可做一般的了解。在编辑方式上，该刊采取新闻和图画相结合的手法，它注重解说西方各国以及日本等国新近发生的重大事件，如“英国太子游历火船名哦士之图”、“日本新更冠服之图”、“中国天坛大祭之图”等等。该刊图画为英国画师所绘，不大适合国人的口味，前后只出版了五卷。

1884 年，王韬从香港回到了上海。当时主持《申报》编

辑业务的钱昕伯请他担任文字编辑，在另一主笔黄协埙的帮助下，此年4月《点石斋画报》正式出版。这份杂志封面为彩色本纸印刷，图画则使用连史纸石印。该刊在编辑业务上的突出贡献是：在编辑方式上，将新闻与图画编辑手法结合起来，同时使用文学的语言进行描绘，使该刊生动活泼，富有表现力；该刊定位于时事性画刊，加快了出版节奏，月出版3册，每册8页，每页均配有插图。主要图画作者为吴友如、张志瀛等，这些人物都是当时上海的著名画家。画刊主要内容多选择重大社会新闻（也有一些有关风俗人情的插图），力求使读者对新近发生的社会问题有所了解。应该说，这样的编辑方式意味着文化传播的革命。在古代中国，邸报发行量很小，一些重大的政治事件和社会新闻被封锁在一个极小的传播范围里，普通百姓几乎没有知情权。此时的上海，随着商业的繁荣和社会的不断开放，文

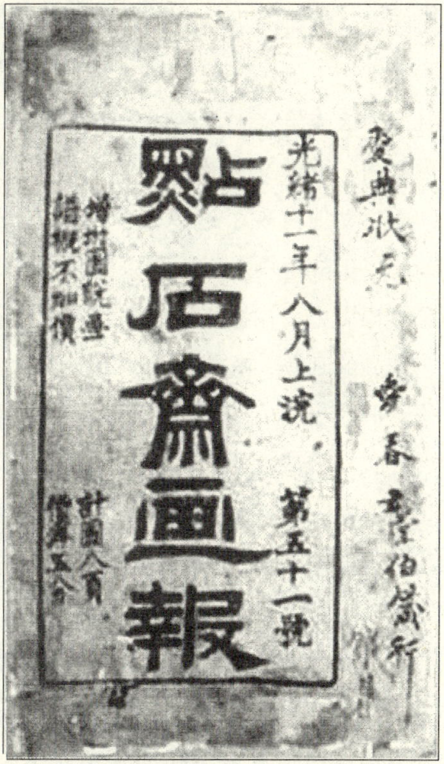

图16　《申报》创办的《点石斋画报》

化程度较低的市民阶层同样会产生新闻欲和文化精神方面的需求。为了满足这部分读者的需求，编辑采用比较简洁的新闻文字，同时辅以恰当的配图刊登出来。这样的编辑方式，也决定了所刊载的新闻信息可能会拥有更广泛的读者。当然，由于社会背景和文化传统的差异，那些有关国际新闻的报道，其配图的真实性无法接近新闻，但至少向大众传达了目前社会上已经发生的新闻事实。借助图画，一些稍通文字的人都可以阅读。这样，从编辑的目的来说，就达到了某种预想的传播效果，客观上扩展了市民读者对社会问题的知晓范围。该刊创刊之初，时值中法战争之际，这场影响民族命运的战争是当时的重大社会新闻，编辑及时报道了有关这场战争的进展，以形象直观的画面生动地再现了这场战争的悲壮场面。之后，日本侵略中国，甲午战争爆发，该刊以《鸭绿江战胜图》、《大同江记战》等多幅图画，栩栩如生地表现这场战争的全貌。该刊还注重文艺作品的刊登，这些作品，有时配以少量的插图。王韬创作的仿《聊斋》体笔记小说，以连载的形式在此刊上刊登出来，后收入《淞隐漫录》12 卷、《淞隐续录》4 卷等多卷本。何桂笙（高昌寒食生）的《乘龙佳话》8 出、李笠翁的《风筝误》29 出等戏剧作品也连载在该刊上。另外，还不断刊登一些随笔文字，如《豆棚消息》、《闺媛丛录》等。

从传媒的形态和功能来看，报纸副刊主要给读者提供审美、娱乐方面的可读性文字，因此特别注重语言艺术的魅力，要求语言达到意境美和形式美，具有一定的审美的意蕴。这样，报纸在编排的过程中，编者对于版面风格的定位，以及对于文章分量的把握，得以通过文字的安排、内容的搭配、图画的采用和文体的配置等多种手法凸现副刊的视觉效果。《点石斋画报》文字和图画的处理表明，该刊物的编辑在适度加重图片分量的同时，已经有了追求构图美、文字形式美的意识。在文字的处理和图画的配置方面，恰当地采用了传统诗文的修辞手法，时而进行工笔描摹，时而结合人物形象的特点进行白描写意。这样，图画与文字配置就达到了某种珠联璧合的审美效果。就编辑方式的发展来看，两个画刊把新闻性、文学性和生动直观的美术作品结合起来的编辑方式，则是以后报纸副刊最常用的编辑方式。这些新的编辑方式，为以后完整编辑形态报纸副刊的出现打下了一些基础。

上述两个画刊的产生，可以看作是《申报》在顺应读者市场、满足读者文化生活方面不断探索新的编辑方式的结果。其编辑方式和编辑形态与《申报》的业务发展相辅相成，从这两个画刊的编辑形态来看，它们同样是《申报》编辑业务的延伸，因此在编辑业务上仍然属于报纸的一部分。但由于两个画刊并不与主报一起发行，说它们是《申报》的副刊，实在难以成立。

19 世纪末，随着民办报刊的不断增加，报业竞争不断加剧。一些报纸为了吸引读者，不仅注意探索新的编辑方式，在发行方式上也不断创新。一些报纸为了吸引读者，把文艺文字单独刊载在一张专页上，这样，以刊载文艺内容为主的书版式的单页就出现了。这些单页不单独销售，而是随主报一起发行。这样，集中编辑的文艺性文字与主报有了一定的联系，这在形式上直接启发了日后报纸“附张”的编辑思路。

1893年11月，上海《新闻报》开始出版随主报一起发行的书版式小单页。每期随报附送，月成一册，另外附印总目。在初期《新闻报》出版的单页上，刊载社会琐闻或逸闻趣事较多，还刊登文人诗词、笔记、长篇小说连载等文艺性的内容，从版面格局来看，编辑有意识追求图文并茂的视觉美效果。在每期的单页上，图画一般占据上半页，下半页为文字，中缝题《新闻报馆画报》。首次随报附送的单页上还刊登了序文：

> 缘人世间之事与物，有语言文字所不能达者，端赖此绘事拯形尽态，以昭示于人。近今五大洲万国为一家，事之离奇，物之诧异，倏忽变易，层出不穷，非有画报补日报之缺略，不足以称美备。故本馆亦本此意，于癸巳仲冬朔日为始，每日延名手，精心图绘，日于报纸之外，附以画报两则，以博阅者赞赏。计月一周，成书一册，可以增当前之知识，可以资有志之仿摹，幸勿作丧志之玩物，观可耳。

从这段话里，可以发现编辑已经认识到无论是报纸出版画报，还是报纸出版单页，其目的都是功能上“补日报之缺略”。同时，还认识到，单页不同于主报，要以知识性和趣味性为本，读者通过阅读，不仅能够获得某些愉悦，还可以“增当前之知识”。从中可以看出，对这些文艺性文字的处理，单页的编者就文艺内容的编辑已经有了基本的指导思想。

这样的编辑和发行形式，标志着报纸文艺文字编辑形式创新，改变了过去报纸散编文艺性文字的状态，将这些集中编辑刊登出来。同时，随报附送的发行方式，加快了文艺性文字的出版节奏，一改过去那种文艺性内容杂志化的编辑形态，在吸引读者方面，真正发挥了与主报互补的作用。

在这种编辑方式和发行方式的影响下，19 世纪末，大小报纸附送书版样式的单页逐渐成为一种风气。如《沪报》附送书版样式的单页《野叟曝言》，1896 年《游戏报》创刊不久逐日附送弹词《凤双飞》，之后的《笑林报》附送小说弹词《仙侠五花剑》、《优孟衣冠》等等，《趣报》附送《断肠碑》，《寓言报》附送《皇朝国史丛谈》等等，可以说都与《新闻报》的这种编辑和发行方式有着直接的关系。从深远的报业文化传承方式来看，这种方式直接诱发了娱乐性小报和后来相对完整形态报纸副刊的出现。

第二节　“小报”中的副刊编辑方式

在晚清时代的报刊格局中，商业报刊以营利为目的，侧重于传播新闻、刊载广告；早期改良主义知识分子所办的报刊以“新民”和宣传改良思想为宗旨，新闻和政论文章刊登较多。除了文艺性的期刊集中刊登文艺方面的内容外，报纸所刊载的文艺性文字虽然以不同的形式出现，但基本上没有相对独立的编辑形态。1896 年 6 月 6 日，谴责小说家李伯元主编的《指南报》在上海创刊，这是新闻发展史上的一件大事，标志着我国以休闲为主、讲求趣味性的文艺性小型报纸的诞生。从此，报纸开始了以集中版面和栏目的形式刊载文艺性的内容。

“小报”的含义并不是报纸版面的大小，小报也有篇幅大的，形似大报而实为小报。当代报人冯并对中国近现代文艺副刊进行了深入研究，他认为，“小报之所以言‘小’，关键在于内容‘小’。也就是说，‘小’到无关重大，缺少时事新闻。质言之，是以琐细的社会新闻、笔调轻松的文艺作品，漫画与幽默、古今中外饮食男女的奇闻轶事以及游艺常识为主要内容的一种报纸”。[1]中国19世纪末出现的小报正是这种形态的报纸，李伯元先后创办的《指南报》、《游戏报》则很有代表性。

李伯元在《指南报》创刊时，宣称自己办报的宗旨是，“采万国之精彩”，“增朝野之见闻”，“寄寰海之文墨”，“寓斯民之风化”，[2]从中可见早期改良知识分子以办报介入社会、开启民智的动机。初期的《指南报》除了注意刊登一些社会新闻外，还刊登一些国内外的重大新闻，这些新闻常常被处理得很有知识性、趣味性，且篇幅很小，可以看作大报新闻的缩微。几个月后，该报文艺作品的分量逐渐增加，经常刊载诗词戏曲等形式的文艺作品。在编辑方式上，注意文学与新闻的结合，常常用文学的表现手法，报道富有趣味性的社会新闻，增强了新闻的可读性。

晚清末年，中国社会内忧外患，李伯元因此有着强烈的愤世嫉俗情绪。他有感于“海上为通商巨埠，骄奢繁盛，甲于五洲，势利之区，逋逃之区，天生人众，懵懵懂懂，在睡梦中，而无有从旁为之大声疾呼者”，[3]因此而创办《游戏报》。这张报纸每期4页，约有5000字，论说和文艺性文字占一半，广告文字占一半。除了论说和广告外，该报常常把当时报纸上刊载的官场新闻进行再加工，重点描写官场笑柄，以幽默诙谐之笔，痛快淋漓地揭露政治阴暗面。此外，各类社会新闻，特别是一些生活趣闻，常常是该报感兴趣的内容。在小报文体选择方面，编辑主张“无义不搜，有本皆备”。[4]除了新闻和论说文章外，小说、传记、碑志、词曲、小唱、灯谜等应有尽有。

1898年7月10日，吴趼人主编的《采风报》在上海创刊，编辑风格和《游戏报》大体相似。版式与一般小报相同，采用彩色本纸印刷。所刊载的文章，游戏笔墨间流露出较强的政治色彩。戊戌政变后，曾以“捉康有为、梁启超法”命题，在读者中征集答案。应征者的答复笑话百出，在报上刊出，借此讽刺清政府对维新变法力量的压制。与李伯元编辑的小报相比，该报特别注意制作新闻标题，一般采用对偶，有时还刊登一些具有幽默效果的社会新闻。为百姓服务的内容也不断增加，如刊登鲜鱼市价、蔬菜行情等百姓感兴趣的信息。几年后，李伯元又创办《世界繁华报》，该报为日报，辟有《讽林》、《艺事志》、《野史》、《小说》、《论著》、《谭丛》等栏目，专门以揭露、嘲讽官场腐败现象为主，曾连载李伯元创作的《庚子国变弹词》等文艺作品。

总的来看，这些“小报”所刊载的内容较“软”较“小”，举凡饮食男女、奇闻轶事以及诗词灯谜等游戏笔墨都可以出现在报纸版面上，但在看似“消闲”、“趣味”的背后，也流贯着热烈的政治情绪。就所创造的编辑方式而言，小报扩展了文艺性栏目的容纳空间，这些报纸上经常出现的文艺栏目有：《市井新闻》、《谐文》、《诗词》、《灯谜》、《碑传》、《楹联》、《酒令》、《论辩》等10多种。栏目的增加与具体的社会环境有一定关系，小报诞生之初，封建政治腐败不堪，但在封建专制政治环境中，不可能给报人自由言说的权力。编辑处理政治话语时，不得不以讽刺和黑色幽默为武器。这样，不仅软化了政治话语，也娱乐了读者，批判了社会。那些不断刊载的针砭现实问题的“游戏文章”形成了该报突出的编辑特色，这些文章其实是借游戏之说，讽刺和谴责丑态百出的贪官污吏，表现出唤醒大众、改良社会的救世热情。

据不完全统计，晚清时期的小报大约有30多种，俨然形成新闻大报纸与文艺小报纸并存的局势。正如周桂笙所说，《游戏报》创刊后，“一时靡然从风，效颦者众相接来”。[5]小报的出现正是近代市民文化流变的表现文本，它越来越接近民间的文本的方式，造就着一种新的平民文化品格。如果说，近代以报刊为主的印刷媒介开启了启蒙文化的序幕，由此带来了平民自由阅读权利的话，小报则以自己的文化传播方式，大大拓展了人们的精神视野。同时，进一步导致平民文化浮出地表。值得注意的是：小报的编辑方式对以后报纸副刊的定型产生了重要影响，仅就所呈现的文化形态而言，相对于传统的封建文化传播方式，小报的视野不再以帝王将相和政治活动为内容，而是聚集于平民感兴趣的日常生活；在文体和语言风格上，小报编辑采用大众喜闻乐见的形式；小报在栏目设置方面的探索多为以后的报纸副刊所借鉴，并逐渐形成以后报纸副刊的编辑体例。从这种意义上说，小报是当时的报人利用现代报刊传媒，尝试建立民主文化格局的一种方式。它的出现，标志着大众文化空间的进一步拓展，同时为以后的报纸副刊编辑提供了一些新的编辑方式。

第三节　《消闲报》：完整编辑形态报纸副刊的出现

从最初报刊上刊登文艺性文字，到文艺性的期刊的出现；从随正报一起发行的文艺性的小单页，到文艺性小报丰富的内容设置，以及编辑方式的新探索，其间不仅创造了一些新的编辑方式，也使文艺性文字的编辑形态也逐渐形成体制，为以后完整编辑形态的报纸副刊建构，提供了一些可供借鉴的方法。就新闻文化的积淀和传承意义而言，以后报纸副刊的产生，以及编辑形态的不断完善，正是吸收了前期新闻文化的营养而不断创新的结果。1897 年 11 月 24 日，上海《字林沪报》创立文艺性报纸附张，取名为《消闲报》，每期随主报《字林沪报》附送给读者，附张不取分文。中国第一张正式报纸的副刊诞生。

《消闲报》的出现有多方面因素：19 世纪末，随着上海报业竞争的加剧，《字林沪报》在新闻编辑业务方面探索新出路，聘请中国文人当主笔。应该说，《消闲报》的出现，得益

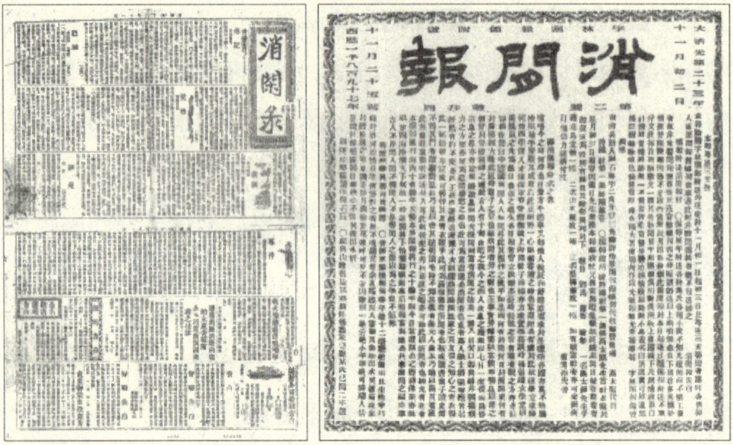
消閒報

图 17 《消闲报》初期的版面

于中国传统文人的加盟。最初进入该报的主笔戴谱笙、蔡尔康都有新闻从业的背景，他们曾在《申报》任职多年。在他们任主笔期间，比较重视刊登符合中国人欣赏习惯的文艺性内容。为此，曾经专门在报上辟出栏目，把文艺性的内容以栏目的形式固定下来，扩大刊登文艺稿件的比重，为以后创办完整形态的报纸副刊做了一些铺垫工作。

1896 年，苏州文人高太痴进入该报任主笔，在此基础上，他注意开拓报纸编辑业务。当时，文人仍是报纸的主要读者，诗词文学很有市场。就来稿而言，编辑部每天都收到不少诗词稿件，这些稿件在《字林沪报》上不好处理，而丢弃不用实在可惜。为了利用这部分资源，他开始尝试将读者寄来的诗作辑录成《漱芳斋诗选》随《字林沪报》分送，在 1997 年 3 月，他又增辑《漱芳斋诗综》，与《漱芳斋诗选》隔日随报附送。这样既解决了一部分积压的稿件，又赢得了一些读者的欢迎。但赠送诗集增加了报纸的印刷成本，在经济上引来一些压力。于是，他不得不探索新的编辑方式。可以推测，以上的做法很可能让高太痴产生了创办副刊的念头。从《消闲报》创刊号刊登启事中，可以对高太痴在编辑方式方面的变革意识有个大致了解。这则启事说，“沪报历年附送各诗集及各种小说，不知凡几。兹当整顿报务之时，拟欲仍送以上两项。唯念目下诸君多喜标新领异，若陈陈相因，恐不足以邀赏鉴。故另出新裁，创此《消闲报》”。《消闲报》的出现，正是这种探索和创新的结果，同时也意味着报纸副刊发展的一个新开始，它以自己相对完整的编辑形态，揭开了副刊与主报相辅相成的历史。

一般说来，完整形态的报纸副刊与主报互为一体，从版面所呈现的表层形态而言，有固定的刊名（或者以“栏目”名字命名），有固定的刊期，有固定的版面编辑，有稳定的栏目设置，另外还有基本的编辑方式，以及相对稳定的编辑个性和文字风格。《消闲报》的外观与李伯元主办的小报——《游戏报》差不多，这张报纸采用黄色柔韧纸单面印刷，版面大致为正方形，高为26厘米，宽约25厘米。《消闲报》报名用显著的大字号处理。“消闲报”三个字用隶书字体书写，横列在版面上方的中央部分，宽花边把版面围成一个全框，左右两边分别采用两行竖排的形式，分别印着西历和中历。报头占版面四分之一的空间还多。正文用竖排形式，从顶端一排到底，不使用标点。多数文章有标题，标题多采用诗词对偶方式。该报定期每天出版，日出两张，发行方式随每日的正报一起附送。

初期《消闲报》副刊的固定编辑是高太痴和吴趼人。关于高太痴详细的身份和生活经历，由于资料的限制，所知甚少。但据姚福申先生考证，他早年的生活经历和上海其他文人的生活道路差不多，在进入《字林沪报》之前，可能有过办报经历。他喜爱诗词，这一点和其他文人的兴趣一样，曾将读者寄来的诗作辑录成《漱芳斋诗选》随报分送，他对社会现状极度不满，因而有一些民主和改良思想。这一点，在《消闲报》前几十期的内容里，就可以看出他的大致倾向。高太痴后来的情况如何，据说他放弃了报纸编辑工作去经商，结局很惨。当时上海著名报人孙玉声在《报海前尘录》这样记载，“惜寒士无寸蓄，易箦后几不能治丧，赖中英药房资助之。厥后其家属搬迁，与友辈不通闻问矣！”关于吴趼人的经历和思想，现存的资料较多。他的祖籍是广东南海佛山镇（今佛山市），祖父曾在京城做官，父随侍任所。吴趼人生于北京，两岁时，祖父病故，随父返回家乡。光绪八年（1882年）他17岁时，父亲亡于浙江巡检任所。此后，他去上海谋生，在江南制造军械局工作。戊戌变法前，开始为报刊撰文，不久主笔《字林沪报》副刊。吴趼人除参与中国第一种副刊的编辑工作外，还创办《采风报》、《奇新报》、《寓言报》等小报。这一时期，他一身两任——报纸编辑和文学创作。他先后创作了《二十年目睹之怪现状》、《痛史》、《恨悔》等多部小说，产生了较大的社会影响。他曾写《吴趼人哭》一文，历数自己的办报活动和其他行状：

> 上海有所谓小报者，如《游戏报》、《采风报》、《繁华报》、《消闲报》、《笑林报》、《奇新报》、《寓言报》等是也。吴趼人初襄《消闲报》，继办《采风报》，又办《奇新报》，辛丑九月又办《寓言报》。至壬寅二月辞寓言主人而归。闭门谢客，瞑然僵卧。回想五六年中，主持各小报笔政，实为我进步之大阻力。五六年光阴遂虚掷于此。吴趼人哭。（悔之晚矣，焉能不哭。）

吴趼人的思想特点是：他不满意清末政治腐败，对社会道德的日益堕落也抱有不满情绪，因此主张社会进步，政治维新，力求借小说以“改良社会”，“佐群治之进化”，挽救“道德沦亡”。[6]由于受旧道德影响较深，他的思想也带有社会转型时期新旧夹杂的面貌，甚至主张“恢复旧道德”。[7]

这种生活经历和思想情感，也直接影响初期《消闲报》的编辑形态。

首先，他们无法游离于商业社会的基本规则和环境制约，只有使报纸拥有读者，自己才能更好地生存。这就决定该报以市民文化娱乐为基本指向，要把报纸办成为市民“遣愁、排闷、醒睡、除烦”[8]的大众读物。刊登的内容适合官吏文人、贵族名士、蒙童学生、男女老少、深闺才女等各个层面[9]的读者。这样的编辑思想和读者定位，已经注意到副刊文化传播的功能，并期待副刊成为市民生活中的一种文化娱乐方式。因此在编辑方式上，要兼顾多数读者，刊载的文章要通俗，富有知识性和趣味性。在内容选择方面，比较注重选择一些“轻松”、“新奇”、“松软”（风花雪月为主）的题材，力图切近一般读者的文化趣味。这样，编辑在版面处理时，通常的内容安排是：头条是散文或带有一定政治倾向的文章，文体多用四六文言骈体。据统计，在《消闲报》前100期头条中，高太痴署名的文章有30余篇，吴趼人署名的文章有7篇。头题之后安排新闻若干条，多是上海发生的奇闻轶事，新闻的标题一般采用对偶，如“将娇比艳，芙蓉可比香思，以硬攻坚，萝卜能开石窍”，仔细看看新闻内容，都是一些无关疼痒的花絮，无非是“白社清谈，青楼丽迹”，多是“稀奇开笑、艳冶娱情”的游戏文章，但文字风格精巧细腻，基本没有黄色下流的文字。该报20期后，新闻选择的题材扩大了，国家政治大事、风俗民情的变化时而出现在版面上。

其次，他们改良社会、“佐群治之进化”的热情，以及对现实的不满，必须依托报纸才能宣泄出来，因此形成了特色鲜明的讥讽社会时弊、抨击官场黑暗的文字。这些文字诙谐幽默，“论时世，砭锢弊”，读起来轻松滑稽，仔细分析则有一定的思想意蕴。《消闲报》第72号所登《铁路求才说》就属此类。这篇谐文说，修建铁路是当今大事，因此急需一些有才能的人来督办。建设人才必须精细，监视人才必须勤慎，承办人才必须认真，选料人才要精明，出纳人才要有公正无私的品质，一般的建设者需有吃苦耐劳的品质。想来想去，中国人能够胜任的不多，那么就要向外国借人才，但借才也不是长久之计，还要建立学堂，培养专门人才。另外，建设铁路，还应该用两种人。一是玩童，二是刻薄之人。为什么用玩童呢？这是因为建铁路应该多建支路，玩童之心分歧百出，使他们治路，路必分歧如织。为什么用刻薄之人呢？这是因为治铁路是一件艰苦的工作，应该不畏艰险，勇往直前，刻薄之人有一种品质，即他们常常“得尺则尺，得寸则寸，使之推其贪得无厌之心治路，何愁不能指日而告成功”。这是一篇绵里藏针、颇具黑色幽默的谐文，无情地嘲讽了封建官僚政治体制对兴办实业的束缚，蕴涵的思想情绪相当严肃。可以看出，作者对社会的落后与政治的腐败极度痛恨。

《消闲报》的编辑追求通俗性，注重新闻内容与文学表现方式的结合，所刊登的诗词比较通俗易懂，读起来朗朗上口。如一首反映庚子事变的诗歌《酿干戈》，把当时重大的新闻以诗歌的形式表现出来：

拳祸开，联军来，枪林炮雨动地雷。夺我北洋之战舰，占我津沽之炮台。津城继以陷，华军如溃散。英用绿气炮，玉石尽劫灰。血随水流海波红，尸如山积高崔巍。乌鸦啄肠狗食之，残肢断骨纷成堆。文明之国仁义师，战祸若此况他哉？令我北望失声哭，谁其祸此兵凶灾。

这首诗基本接近口语，其叙述特点接近民间讲唱文学的形式，读起来回肠荡气，意思让人一目了然。作者揭露了帝国主义的凶残本质，浓郁的忧国之情流贯其中。

1900年之后，民族危机进一步加深，资产阶级改良运动风起云涌，《消闲报》（此时已经改名《同文消闲录》）的内容渐趋革新，出现了不少抨击政治黑暗的文章，如讽刺谐文《拳权大臣》，入木三分地揭露了李鸿章之流为保全性命，沽名钓誉、出卖国家主权的丑恶行为：

> 前日接得电旨，着派李鸿章为全权大臣，与各国议和……说者谓“全权”二字，应作“拳权”。初不解其何所指，细绎之，盖此次联军深入，专以绞杀拳匪为事，若言和而后，则拳匪之身家性命，保全不少，当感戴傅相于没齿乎……

这样的文字读起来不仅解气，而且轻松幽默，让读者喷饭之余而有所思索。在后期《消闲报》中，这类针砭时弊的讽刺小品所占的比重较大，一般每期出现2~3篇。

《消闲报》比较注重小说和戏曲文字的刊登，曾发表邱菽园论小说的文章，刊载陈蝶仙创作的《花木兰传奇》17出。1900年，还刊载了梨园《菊榜》、《文榜》、《武榜》和《梨园女榜》，这些文字不仅反映了当时的市民文化生活，也为后代保存了近代戏剧文化的一些史料。长篇小说以连载的形式从该报第75号开始刊登，第一篇是《天仙茶园记》，一连刊载了数十期。

值得注意的是，《消闲报》的编辑开始培养作者队伍。编辑借助这块园地，大办诗社，大征对联，大量征集和刊登诗歌与对联，广泛联络特定的读者群和作者群。该报第一期刊登《拟联求教》启事，第二期刊登《诗钟社》启事，仅仅半个月就收到对联1000余条，虽然不少作品为应酬之作，格调不高，但这样的方式为以后报纸副刊的编辑联系和培养作者队伍提供了一些借鉴。

就编辑方式和编辑形态革新而言，以前，中文报纸的编排没有固定的体例可循，同一张报纸上，新闻与论说、广告、文艺性的内容常常混合编辑，文艺性文字难以赢得自己的地位，因此无法营造自己的编辑形态。《消闲报》把一些文艺文字加以集中并分类编辑，使中国报纸的编辑开始形成新闻、评论、副刊和广告四类相辅相成的报纸编辑业务模式。《消闲报》的编辑以自己的方式，并融汇前人的探索成果，建构了相对完整编辑形态的报纸副刊，使报纸副刊这种新的文化传播方式趋于成型，对以后报纸副刊传承文化娱乐大众、营造大众文化观念、陶冶大众情操发挥了积极的作用。

《消闲报》的出现，为以后报纸副刊的发展铺展了道路。第一，注重雅俗共赏和文体上的兼容性，摆正副刊文化的多样杂陈与书籍杂志文化系统性、高层次之间的关系。这张报纸的编辑实践证明，副刊形式可以最为灵活、最大限度地兼容新闻体裁之外的各种文体和题材。在内容上，从花街柳巷的市井琐闻到国家大事，都可以进入表现的范围。在文体的选择方面，举凡是正统的文学体裁诗词，或是一向不登大雅之堂的戏剧文、民间说唱文学，都可以进入副刊，并作为新的表现手段。

报纸不同于杂志，由于版面的限制，所容纳的内容很有限，《消闲报》特别注意选择具有短小精悍、雅俗共赏、反应快速的小品文。最短的文章三五十个字，较长的文章不过千余字。就前100期统计，谐文、戏曲文、市井新闻、诗词、灯谜、楹联、论辩等小品文品种有13个。第二，推进了新闻与文学结缘，摆正副刊与主报之间的关系。从传播的时效来看，报纸副刊与杂志不同，这要求副刊必须具有一定的新闻性，才能更好地吸引读者，同时，副刊注重娱乐，要求有一定的审美色彩，这就有必要调动文学的手段，以增强可读性。这样，新闻与文学的杂交势所必然。《消闲报》中的一些论说、谐文和刊载的诗歌，常常选择社会上新近发生的大事作为表现题材，但在新闻题材的处理方面与主报的编辑方式不同。《消闲报》一般把重大的政治题材加以软化，以黑色幽默的方式呈现给大众，突出副刊的审美优势，发挥副刊娱乐大众的功能。基于此，《消闲报》摆正了自己和主报的关系。

《消闲报》的缺陷也是比较明显的，即没有以具体的栏目形式把丰富的内容和众多的文体形式固定下来。这样，编辑体例的进一步完善就有待于后来者了。

注释：

［1］冯并：《中国文艺副刊史》，北京：华文出版社，2001年版，第77页。

［2］《谨献报忱》，《指南报》创刊号，1886年6月6日。

［3］《论游戏报之本意》，《游戏报》第63号，1897年8月25日。

［4］阿英：《〈游戏报〉重印本告白》，1899 年。

［5］周桂笙：《新庵笔记》卷三，上海：上海古今图书局，1948 年版，第 34 页。

［6］吴趼人：《〈月月小说〉序》，《月月小说》，1910 年 6 月 。

［7］吴趼人：《自由结婚评语》。

［8］《沪报附送消闲报启》，转引冯并：《中国文艺副刊史》，北京：华文出版社，2001 年版，第 84 页。

［9］《释〈消闲报〉报名之义》，《消闲报》第二号，1897 年 11 月。

第五章 形式的完成：栏目式副刊的发展

第一节 从文艺性栏目到栏目式副刊的出现

顺着《消闲报》铺就的道路，辛亥革命前后，报纸副刊进一步发展。整体流变的态势可以分为两脉：一脉为资产阶级政党办的报纸副刊，以《中国日报·鼓吹录》和《广东日报·有所谓》为代表；一脉为在都市商业性报纸主办的副刊，以《申报·自由谈》和《时报》的一些副刊为代表。前者，传承了《消闲报》的“论时事，砭锢弊”的批判现实主义传统，并在此基础加以发展，注重社会批判以及副刊的文化启蒙、政治宣传鼓动作用；后者，以大众文化娱乐为基本宗旨，传承了《消闲报》的“游戏”、“消闲”的副刊编辑思想，并加以发展创新，注重副刊的娱乐、审美和陶冶身心的功能。而两脉副刊的主要贡献在于使副刊的栏目编辑体例和编辑形态进一步完善。

在近代早期的报纸上，所刊载的文艺作品数量不多，篇幅一般较小，所以被冠以“杂俎”、“补白”等名字，以区别于新闻、政论和广告等文字，严格地说不能算作栏目。从编辑学意义上看，所谓的栏目，是一组性质相同的稿件的集合体。这些稿件在文体、内容、风格和表现方式上存在着一些共同性，在报刊上常常冠以适当的名字。这样，一方面可以在内容上统领性质相同、风格相似的稿件；另一方面，还可以引导读者阅读和作者来稿。在早期近代报刊上，以栏目的形式把文艺性稿件固定下来的编辑方式并不多见。1882 年 4 月，《字林沪报》上出现了文艺性栏目名《花团锦簇楼诗集》，每期一般刊登两三首文人诗词，但这个栏目在报纸版面上的位置并不固定。1883 年后，这个栏目刊载的诗词越来越多，有时占据大半个版面。当时中国文人蔡尔康、戴谱笙主持编辑业务。蔡尔康喜爱诗词，与上海白桃花吟社等文人文艺团体来往密切，因此作者大多来自这些文人团体，但作者中也有一些报人。这些诗歌，缺乏时代感，内容无外乎风花雪月。1893 年《新闻报》在上海创刊，聘请中国人孙玉声、袁祖志、蔡尔康为主笔，不久在报上腾出一块版面，名曰《庄谐丛录》，专门刊登游戏小品文，主要作者是童爱楼，但内容较为空洞，影响不大。

1898 年 12 月，由梁启超主编的《清议报》在日本横滨出版，前后共出版 100 期。该报是以书版式的形式出版的（早期许多报纸都是以书版形式印刷的），但新闻信息的内容占相当大的比例，加之出版节奏 10 天一期，因此可以把其看作报纸。该报每期都有文艺栏目，大体按照一定的体例编辑。现将该报第一册（创刊号）的内容目录摘录如下：

第一册

1898 年 12 月 23 日

（孔子二千四百四十九年十一月十一日）

横滨清议报叙例

本馆论说

续变法通议 任公

论变法必自平满汉之界史

论戊戌八月之变乃废立而非训政

支那近事

戊戌政变记（第四篇） 任公

寄书

与清国有志诸君子书 东亚同文会员某君来稿

外国近事及外议

西报译篇 朗秋译

论俄日（译泰西实事报）

续俄日论

论澳大利亚（译泰西地志书）

南北美洲交界尼加厄矫鸦河桥不久告竣（译时事报）

东报译篇

支那改革案

伊藤侯论之那

在旅横滨清国人数

美国海军人死伤数

英国倡设支那纳语学校

德人在占据地创设报馆

德法采用新式曲射炮

英国政府致电帕厘士佛卿

东亚同文会主意书

兴清论（录东亚时论）

俄国外交官评言

译印政治小说序　　　　任公

佳人奇偶（未完）

（日）东海散士前农商部侍郎柴四郎

诗文辞随录

戊戌八月国变记事四首　　　更生

闻信国日月星辰砚歌并序　　谭嗣同

与黄老贤　　　　　　　　　谭嗣同

1896年8月，梁启超在上海创办《时务报》，在前后69期中，除了新闻和政论文章外，基本没有文艺文字，更不用说设置文艺栏目了。时过两年，维新变法失败，他才认识到要以文艺为“新民”救国的工具。《清议报》上《政治小说》和《诗文辞随录》两个文艺专栏的出现，一方面缘于近代报纸编辑业务的发展，另一方面也缘于他对文艺功能的新认识。《诗文辞随录》中的作品流露出浓郁的忧国忧民情绪，带有强烈的政治色彩。《政治小说》的宗旨以宣传改良思想为主，从先后刊登的一些小说内容看，其中有较强的民主意识，主人公大多具有英雄救世的情怀。刊登这些内容其目的在于以文艺为传播方式，向大众灌输新思想，从而实现“新一国之民”的理想。这两个栏目的设立，可以看作是梁启超不断探索报刊编辑方式的结果。但由于该报在海外发行，又是书版式的印刷，加之清政府的种种限制，最终没有产生太大的影响。

前面介绍的报纸文艺性栏目，因为内容单一，文体种类较少，且出版不定期，版面不固定，构不成相对系统的编辑形态，不能看作栏目式副刊。所谓的栏目式副刊，是就报纸系统的整体性而言的。进入 20 世纪初期，一些报人为了发挥报纸的整体功能，在编辑副刊时，逐渐摆脱了早期消闲性附张与主报若即若离的状态，力图使副刊的结构和功能与整张报纸结合在一起，成为报纸的一个不可分割的基本要素。从整体上看，栏目式副刊本身就是报纸的一个栏目，以文艺性内容为主，注重趣味性、新闻性与知识性的统一，编辑方式灵活多样，可读性强，是新闻版面的有益补充。栏目式副刊一般有栏目名称，定期出版，有固定的编辑，有固定的版面，同时又有比较稳定的编辑思想和编辑风格。从结构层次上来看，栏目式副刊下面又有一些“子栏目”，这是栏目式报纸副刊的子系统，是建构栏目式副刊的基本要素，其中的文章要与栏目式副刊的基本风格保持一致。一般说来，栏目式副刊上刊载的文章，分别属于不同的子系统。

1900 年，《辛丑条约》的签订，更加暴露了清政府的腐败无能，资产阶级领导的政治斗争正在酝酿，所创办的报刊在民众中的影响不断扩大。以“新民”为目的，维新派报刊活动的影响相对减弱。此时，为了宣传革命思想的需要，资产阶级革命报人对副刊的发展作出了很大贡献，栏目式副刊不仅在他们的手中逐渐成型，而且使副刊与主报之间呈现出相辅相成的功能。1900 年 1 月 ，资产阶级革命报人陈少白在香港创办

《中国日报》，并以此作为兴中会的机关报。在该报创办不久，还办了《中国旬报》，兼收日报与期刊之长。日报为6版，后增至8版，仿日本报纸编排方式；旬报每10天印一册，出至第37期时停刊。后来，旬报中的《鼓吹录》文艺栏并入《中国日报》作为副刊。资产阶级革命派把市民和商人作为主要的读者，把为大众喜闻乐见的戏剧和谐文引入副刊，以此作为针砭时弊以及政治文化斗争的武器，宣传革命思想，号召大众参与推翻“满清”封建政府的政治斗争中来，并形成了以幽默讽刺为特色的“谐部”副刊文字。

“谐部”一词虽然没有在《中国日报》上出现，但“谐部”作为栏目式副刊的形式，应该从《中国日报》算起。据冯自由回忆，此报的发行，除了日刊外，另外发行《中国旬报》，在该报的卷末，刊登一些讽刺时事的歌谣谐文，栏目名字为《鼓吹录》。旬报出版37期后停办，《鼓吹录》取消，但戏曲、俳文、歌谣一类的文字移入了大报刊载，附于《中国日报》的卷末。在这种编辑方式的影响下，海内报纸多设立“谐部”一栏，目的是借助一些通俗文学体裁，使革命观念深入人心。该报的旬刊开辟《鼓吹录》栏目，由杨肖欧、黄鲁逸等记者撰写戏曲歌谣，讽刺现实，歌颂爱国英雄。这些文章轻松幽默、庄谐杂出，很有趣味性。

《鼓吹录》编辑方式是革命运动发展的需要。当时，一些资产阶级革命报人感到，那些传统文人所写的文章，语言艰涩拗口，对于一般文化程度的平民百姓来说如同天书。要改变中国的命运，就必须争取民众的支持，宣传的重点必须转移到下

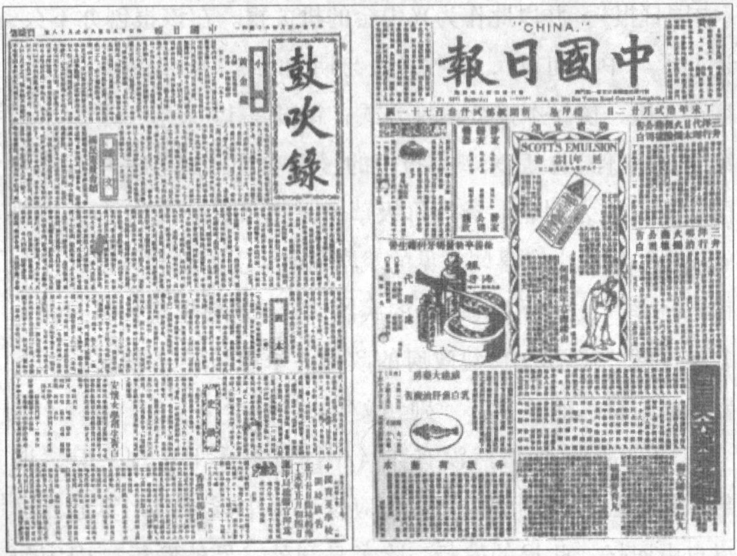
鼓吹錄

"CHINA."
中國日報
SCOTT'S EMULSION

图 18 《中国日报》及其副刊《鼓吹录》

宣传的双重角色。报纸副刊的编辑要发挥文艺的优势，探索为民众接受的宣传模式。基于这种认识，资产阶级革命党人黄逸鲁在《中国旬报》上附设《鼓吹录》，“专以游戏文章、歌谣、杂俎讥刺时政，是为吾国报纸设置谐文歌谣之滥觞”。这昭示着办报的革命宣传活动开始走向通俗化之路。同时表明，副刊文化传播的政治性、平民性色彩的增加。

从现存的《鼓吹录》来看，多刊登短小精悍、富有战斗力的小品文，这些小品文被称为“谐文”。如一篇小品文《责某公文》正话反说，嬉笑怒骂李鸿章卖国求荣的嘴脸——

古人有言，死或重于泰山，或轻于鸿毛，生死之际大矣哉！公之勋业，巍巍乎高寰宇矣，公之声名，赫赫乎震全球矣。朝廷以公老成硕望，依为左右手，凡定大疑，决大议，皆于公是赖。近数十年来，天祸我中国，内忧方亟，外患又乘，今日割五城，明日割十城，公实主持之。此国偿百万，彼国偿千万，公实居间之，公之谋国也，不可谓不忠矣。然吾为公者惜，独不能一死耳！

还有一些小品文，讽刺守旧官僚，旁敲侧击地揭露地方官僚捉拿革命党人的阴谋。那些借妓女之口，嘲弄官场腐败的文章，话语尖锐犀利，批判力度入骨三分，如“妾祖历任显宦。妾闻祖训曰：欲做显宦，先学逢迎，上司所好者好之，所恶者恶之，则所为必至”。

《鼓吹录》特别注重刊载戏曲版本，如南音等戏剧样式。戏剧版本出现在报端，同资产阶级革命党人重视戏曲宣传有着很大关系，他们认为，在一个文盲占多数的国家，利用戏曲这种方式宣传革命思想大有必要。要借助戏剧形式“改革恶俗，开通民智，提倡民生主义，唤起国家思想”。因此，改良戏曲、编辑新剧本是至关重要的。《中国日报》的主编陈少白就是戏剧革新的支持者，他和同盟会员一起编剧，推动了戏剧的发展，创作出了《地府革命》、《黄帝征蚩尤》、《文天祥殉国》等新剧本。辛亥革命时，他又亲自创作了《自由花》、《赌世界》等港澳白话剧本。这些剧本刊载在“谐部”上，被称为“班本”。

在《中国日报》的影响下，许多报纸纷纷开辟副刊。不久，“谐部”一词在广州《时敏报》（1903 年）创刊号上出现，内容包括杂著和南音两部分。杂著多是轻松幽默、讽刺现实的小品文，南音即广东一带的戏剧班本。1903 年 12 月 29 日，资产阶级革命党人郑贯公在香港创办了《世界公益报》，他注重诙谐文字及讽刺图画，开设名为《警醒图》的《时事滑稽铜模画报》栏目，于是，漫画作为一种新的编辑形态，在革命党人主办的报刊上亮相。此外，香港《循环日报》也于 1904 年增加篇幅，分为庄谐两部，附以歌谣曲本，字句加圈点，使读者一目了然。可见，以刊载宣传革命思想的通俗文学作品为特色的“谐部”，作为副刊的编辑方式在不断完善，不久便成为当时报纸一大文化风景。以下报纸都先后创办了以刊登歌谣戏剧和讽刺小品为主要形式的“谐部”：

《广东日报·一生钟》

《震旦日报·鸡鸣录》

《国民报·亦有谓》

《世界公益报》附录

《香港少年报》谐部

《珠江镜》谐部分为《谐文》、《趣言》、《小说》、《谈从》、《杂文》、《诗词》、《班本》等 10 多个栏目

《平民日报》有《文澜》、《评林》、《人海》、《史馆》、《说苑》、《剧场》、《歌台》等 10 多个栏目

《人权报》有《文界》、《小说》、《谈丛》、《歌曲》、《喷饭》、《班本》等

以上副刊的共同编辑特点是栏目丰富、形式多样。谐部栏目的丰富多样性与资产阶级革命党人重视通俗文艺分不开，他们主张庄谐并用，讴歌变俗，用文艺唤起国民精神。因此，他们特别重视戏曲和民间歌谣，刊登的作品短小精悍、生动活泼，富有鼓动性。如《平民日报》创刊号一则《靠不住》，全文仅仅百余字，轻松游戏的笔墨里，隐藏着对社会现实和官僚政治的愤激之情：

请愿代表之言曰：九年筹备清单，靠不住。然世上靠不住者甚多，试举之。外交官吏，谄媚强权，著著退让，受之愚弄，事事失败，靠不住。办理新政，粉饰敷衍，潦草塞责，有名无实，靠不住。假传诏，煽惑华侨，倡言保皇，阴行温丁，靠不住。大清银行之长方纸币，道士和和尚之符咒经箍，靠不住。官样文章，妓妇说话，靠不住。

提倡图文并茂，重视图画在版面上的作用，也是这一时期报纸副刊编辑方式的新发展。这样的编辑方式，同样是基于革命斗争的需要。在《时事画报缘起》里，编辑认为，“曩者申江常设漫画报，然坠于风流自赏恶习，于国家观念，绝无斯须之影响，国民乎，有梅兰菊竹之飘逸不羁主义，枯木印石图之

自立强硬主义，风尘三侠图之武士道主义……百鸟归巢图竞争剧烈之独立主义，以警国民之眼帘，触国民之视线”。《中华新报》和《时敏新报》都设有《画镜》专栏，《珠江镜》发表了很多揭露贪官污吏的漫画。《平民日报》从创刊之日起，每星期送给读者石印画两张。作为“附张”的《平民画报》是旬刊，图文并茂，刊载有许多宣传画和漫画，如辛亥八月初一第八期目录有：

1. 焚攻督署图（3月29日民党攻打两广督署图）

2. 七十二坟秋草遍，更无人表汉将军图：纪念黄花岗烈士。

3. 3月29日纪念图（讽刺画）：文/是月也，革命党起，革命党死。官场震惊，防兵扰民，民不聊生。

4. 放脚图，家庭纷争图（社会画）。

5. 营勇奸杀图（时事画）。

以上的版面处理追求对读者视觉的冲击力，图画的内容生动、直观地再现了时代氛围：一面是革命斗争波澜壮阔，一面是政治的极度腐败和民不聊生的惨景。

以大众为读者定位，副刊与主报密切配合，为现实政治斗争服务。同时，不拘一格、最大限度地包容民间文学样式，使副刊栏目呈现出通俗、灵活的编辑特色。这些特点在革命报人郑贯公先后主办的《无所谓》和《有所谓》副刊中有着突出的表现。

郑贯公早年因家境清贫，不得不辍学去日本当佣工。帮佣之余，郑贯公经常向友人借阅《时务报》、《知新报》等维新报刊。这些书刊，拓展了他的思想视野，使他开始萌发救国救民的思想。后来，他结识了梁启超等一批热衷维新变法的知识分子，并被介绍到保皇党人创办的横滨大同学校免费读书。期间，他以"中国之摩西"自居，结识了蔡锷、唐才常、秦力山、林述唐等进步同学，这段经历对他以后从事编辑工作有一定的影响。1900 年 7 月，郑贯公被梁启超聘为《清议报》编辑。《清议报》是当时颇有影响力的保皇党报纸。但随着革命思想对郑贯公的影响，他最终与改良主义者分道扬镳，不久，他被《清议报》解职。这时，陈少白在香港筹办《中国日报》，郑贯公进入该报当编辑。

1904 年 3 月 31 日，郑贯公创办《广东日报》。这张报纸有鲜明的政治思想：反对君主立宪，推翻清政府，实现资产阶级民主共和。他一改《中国日报》把谐部作为报尾副刊的做法，另出一个谐部副刊——《无谓报》，每日随主报一起出版，日出两页，随报附送。该报主报不同于文言大报，也不同于一般通俗小报，追求雅俗共赏。该报创办初期，正处于广西人民起义斗争的高潮。该报发表了很多抨击两广总督岑春煊武力镇压屠杀人民、谴责法帝国主义趁机侵略的社论，使岑春煊之流寝食不安，昼夜胆寒。在该报发刊词里，他写道，国家处于内忧外患之时，"浮生梦梦，大局沉沉"，令人堪忧，因此应该“陈言尽扫，宣传革命之军；妙想自由，雅尚娱情之作”，其中革命思想可见一斑。该报副刊设有《俗话史》、《谈风》、《舞台新籁》、《社会新声》、《灯前卜》、《诗潮》等10多个栏目，刊载带有强烈民主革命色彩的文艺作品，很受读者欢迎。其中的《舞台新籁》和《社会新声》，采用广州方言民间说唱班本、龙舟、南音、粤曲等形式演唱民族历史故事，意在揭露清政府专制统治的黑暗腐朽，反映人民的疾苦。

以下把《广东日报·无所谓》创刊号上的文章目录按顺序一一列出：

题词：不会保皇诈蹄，不会痛哭流涕

文章起点：无所谓发刊词

俗话史：中国人始祖，“黄帝故事”

谈风：白米呼冤枉。半天吊

舞台新籁：陈子状登台（班本）

社会心声：无所谓（粤曲）

灯前曲：第一号谜面

诗潮：（近体诗词）

前四个栏目为言论，有评论的特点。舞台新籁和社会心声则为说唱文学和戏曲版本，其中的作品多是用广州方言写的班本、龙舟、南音和粤曲，带有浓郁的地方特点。有的作品演唱民族故事，有的作品揭露清政府的黑暗统治，反映人民的疾苦。

《无所谓》为资产阶级报纸副刊奠定了发展基础。后来，《无所谓》随着郑贯公退出另组《有所谓报》而停刊，《广东日报》的副刊活动却坚持了下来。在李汉生接办后，改名《一生钟》继续随报纸发送，一直坚持到《广东日报》停刊。栏目设置更细致：有文界（杂说）、白话、谐文、小说、传记、琐闻、艺闻、格致、谈丛、龙舟、班本、诗界等等，基本形成了一定的编辑体例，为以后配合主报发挥宣传鼓动作用奠定了形式方面的基础。

第二节　“鸣警世之钟”：副刊与主报相辅相成

在反美华工禁约运动里，郑贯公的第三种日报《有所谓报》全名《唯一趣报有所谓》，1905年6月4日创刊，是香港第一张通俗小报。从《无所谓》到《有所谓报》，可以发现郑贯公在副刊编辑方式上的一些特点：即寓庄于谐、重视趣味的编辑风格，注意处理服务现实斗争与大众娱乐的关系。他称办报目的“警鸣世之钟”、“察人情之趋向，激社会之热肠”。在创刊号上，他毫不掩饰自己的编辑立场，“报纸者，以言论寒异族独夫之胆，以批评而褫民贼之魂，芟政界之荆榛，培民权之萌蘖”，[1] 主张采用“以寓言讽时，讴歌变俗，因势利导，化无用为有用”的手法。[2]《有所谓报》是在轰轰烈烈的反美华工禁约运动刚揭幕时创刊的，所有办报经费全由同仁慷慨捐集。1905年爆发的反美华工禁约运动，是一场群众性的反帝爱国运动，它的起因是当时美国执行的排华政策。《有所谓报》一问世，就以虎虎生气，坚定地站在反美斗争的前沿，自始至终以极大的热情和民族正义感投入到这场斗争中去，彻底地揭露了美帝国主义在排华运动中“有强权无公理”的罪恶行径。在运动开始，郑贯公便力主广州反美拒约会办一份专门宣传反美拒约的报纸，并在《有所谓报》上连载了他专门为此而作的长篇论说《拒约需急设机关日报议》。在方兴未艾的资产阶级民主革命中，该报也总是站在斗争的前列，提出一些比较尖锐的问题。《有所谓报》追求“只要移情见诵，唯老妪能解”的效果。该报特别注意吸收民间文艺形式，如粤曲班本、南音、木鱼书等，使旧的民间艺术形式容纳了新思想，适合多层次读者的兴趣。因此，这张报纸的风格既不同于文言大报，又不同于一般通俗小报。编辑在内容设计上分为庄谐两部。谐部占五分之二篇幅，分《题词》、《落花影》、《滑稽魂》、《官绅镜》、《金玉屑》、《新鼓吹》、《社会声》、《风雅丛》等栏目；庄部主要是新闻和政论，有《博议》、《短评》、《访稿》、《广东新闻》、《要闻》（国内新闻）、《电音》（外国新闻）、《港闻》、《来书》等栏目。这样融雅俗于一炉的编辑形态，使之成为独具特色的时事性报纸，一跃成为当时港粤报业中读者最广、发行量最高的报纸。

郑贯公的副刊编辑方式，对以后资产阶级革命党人的报纸副刊编辑产生了较大的影响，这突出地体现在于右任先后创办的“竖三民”（《民呼日报》、《民吁日报》、《民立报》）中。编辑注重贴近时代、贴近主报，为现实斗争服务，形成以谐文为主的副刊编辑特色。

1909年5月19日，于右任在上海创办了《民呼日报》，该报日出四大张，两张广告，两张文字，业务上分为言论部、记事部、丛录部。“其余各子目凡二十余，如外论、吉光片羽，陆沉小识诸门。皆为本报所独有”。“丛录部”其实就是副刊，位于第四版上，与《阅者合笺》栏合在一页，以刊登谐文为主，也有一些诗词和随笔。于右任在该报发刊词称，创办该报是“实行大声疾呼，为民请命”。[3]在后来创办《民立报》时他进一步认识到，“是以有独立民族，始有独立之国家。有独立之国家，始能有独立之言论。再推而言之，有独立之言论，始有独立民族。有独立之民族，始能卫其独立之国家”，[4]所以要通过报纸，传达“民之声”，“提倡独立之精神”，“培植独立之思想”。[5]

基于这种办报思想，副刊与主报密切配合，增加了主报信息流量，主报传播新闻信息和政治观点，而副刊则常常以软性话语方式传播思想及其情绪。《民呼日报》创刊之始，就发表了一系列新闻和言论，揭露清政府的卖国内幕，报道各地贪官污吏鱼肉百姓的事实。主报对新闻事实和政治言论的话语方式处理得比较直接，而副刊常常密切配合正报的新闻报道和言论。“丛录部”刊登的一些谐文大多采用轻松幽默的“软”性话语，以嬉笑怒骂的方式讽刺现实。所发表的谐文战斗性较强，文字的背后是作者为民请命的战斗姿态。一些谐文别出心裁，常常拟以某种古文或应用文体，或者拟以讽刺对象的口吻，淋漓尽致地讽刺现实。1909年7月16日《民呼日报》上刊登了一篇《新条约》，揭露清政府丧权辱国的可耻行径：

> 今有甲与乙订一预定条约，其文曰：甲为热心全保乙生命权利独立，预防种种危险之故，特订立条约，歃由同等之全权，互相验明签字为据（约为中文字，如有龃龉，以甲之亲笔为主）。
>
> （一）自立约签订之后，甲应竭力保全尊重乙之生命权利不为他人之所侵损。
>
> （二）甲主保全乙之全起见，应注意乙之家室财产，如乙之妻非甲之许不得让与他人，乙妻也不得与他人订立私约。
>
> （三）甲与乙为证明睦谊起见，所有乙之内室门户及往来之路，准甲随时往来并代为修理照料。
>
> ……

《民呼日报》在新闻报道上讲究策略，鉴于当时斗争形势的严酷性，该报编辑不直接阐述主义，宣传民族革命，而是侧重新闻事实的客观报道，特别集中报道了陕甘总督升允三年匿灾不报，田赋不免，导致赤地千里的罪行（于右任还邀请在上海的陕甘同乡，组成赈灾公所）。为此，在第四版《丛录》中刊登了大量的谐文，对主报的新闻报道及时配合。如一篇《拟上海妓女上前甘督书》一文，借妓女之口，以调侃的方式，讽刺陕甘总督升允草菅人命的丑恶嘴脸。其中的话语处理令人叫绝，如“甘肃奇荒于兹三载，小民无德，不能安饿”，

"大帅爱民如贼，疾善如仇"，可谓笔锋入骨。

上海发生租界巡捕强奸刘阿妹一事，而租界却没有按照法律进行相应的判决，对这个印度巡捕只判了四年，上海市民对此反响强烈。该报在新闻版上集中火力进行报道，并对此发表言论，抨击帝国主义在治外法权下的罪行。副刊发表谐文《拟印奴遵断甘结》，该文拟印度巡捕口吻，讽刺帝国主义无视法律的行径："四年之中也不敢有再犯，即四年之外，倘值情不自禁再有强奸民女事情发生，自愿仍然准此例案……"

1910 年的 9 月 9 日，《民立报》在上海创刊。除于右任外，参加该报编辑的有谈善吾、叶楚伧、王无生、邵力子、宋教仁（署名为宋温夫）等，其中，谈、王、叶擅长小说，对该报的副刊编辑起到了一定的作用。《民立报》后来成为同盟会的机关报，每日发行三张半，共 14 个版面。该报在副刊编辑方面的革新有两点：一是在编辑业务上承认了副刊的相对独立性。该报的编辑方法有五部分：论说部、批评部、记事部、杂录部、图画部。其中，杂录和图画就是副刊部。把副刊的编辑和其他内容的编辑在业务上加以区分，这种方式是前所未有的，划分具有历史性的意义。《民立报》副刊位于第八版，所发表的文章具有较强的战斗性，贯穿着"提倡吾国民自立之精神"和"辅助我国民进立于世界之眼光"的办报思想。[5]该报在编辑副刊方面的另一个贡献是：注重新闻与文学的结合。例如刊登的长篇连载纪实小说《蜀人争路记》，以四川保路运动为素材，详细描写了四川保路运动前后的历程，带有报告文学的特点。另外，还有始刊于 1910 年 9 月 9 日的《葡萄劫》

（陆秋心），长达30万字。这些作品的刊载，及时配合了风起云涌的革命斗争形势，发挥了一定的宣传教育、鼓动人心的作用。

从同一时期报业发展区域上看，在经济发达、思想活跃、报业繁荣的地区，报纸副刊发展较快。而在京津地区，报纸副刊的发展没有太大的成就，主要原因是清王朝对报纸控制较为严格。庚子事变后，日本人办《北京公报》，又办了《顺天时报》，1908年前后，该报日出两张，五版广告，三版上谕和新闻，第四版刊载各地通讯、小说和文苑。直到1904年，国人自办的《京话日报》、《公益报》（1905年）、《中华日报》（1905年）、《京报》（1905年）、《北京日报》（1905年）才出现。光绪末年，又增加了《公民公报》（1909年）。资产阶级民主报刊很少，只有《帝国日报》（1909年）、《国风报》（1911年）。北京的报纸在这段时间里几乎没有副刊，刊载的多是“杂俎”，报纸上的文艺性文字仍处于“补白”的地位，与上海报纸副刊的发展相差几十年，报纸刊登的文字更谈不上有相对独立的编辑形态。

在天津，较早的报纸是崔德琳主编的《时报》，后来改为《直报》、《老直报》，报纸上的文艺性文字并不多见。1897年，由严复、夏曾佑主编的《国闻报》创刊，他们提出报刊小说“宗旨所存，则在乎使民开化”的启蒙观点，对副刊连载小说的出现起到了很大的作用，如《天津日日新闻》曾经连续刊载刘鹗的《老残游记》。当时，还有一些报纸注意刊登文艺性文字，譬如创刊于1902年的天津《大公报》（天主教徒英敛之主办），该报采用书版四号铅印，设有《余载》一栏，内容多是一些文人诗词和随笔。但是，这些文艺性文字刊登的版面和位置也不固定，没有形成一定的编辑体例。

第三节　栏目式报纸副刊编辑体例的完善

1898年，汪康年把《时务日报》改名为《中外日报》，他大胆改革报纸版面，采用直长式排版，使“报纸分为三层，俾阅者节省目力，句斗加点，以清眉目”。[6]这次改版虽然没有产生栏目式的副刊，在编辑业务方面却有所进步，打破了以往把论说、新闻与文艺文字杂登在一起的格局，报纸业务分为“论说、电报、国内外新闻和本埠新闻，和文艺诸栏。各报仿而效之，编制始见改良”。[7]

1904年6月12日，《时报》在上海创刊，编辑业务上学习《中外日报》并有所创新，开始“为一张四大页，即今之形式”。该报注意在版面上把内容不同的栏目位置固定起来。该报编辑在发刊时声明：“本报编排，务求秩序，如论说、谕旨、电报及紧要新闻，皆有一定之位置，使读者阅卷即见，不劳探索。”[8]并在《新闻论说》外，增加了《书评》、《小说》、《词林》、《口碑丛述》、《瀛谈拾零》等文艺性栏目，此外，还有狄平子的专栏《平等阁笔记》、《平等阁诗话》附在新闻之后刊登。

创刊于1904年的《时报》以锐意改革著称于报界。创办人狄平子称，“吾之办此报，非为革新舆论，乃欲革新代表舆论之报界耳”。为满足文学爱好者的要求，该报另出附张，设立《小说》栏目，每天刊登小说两种（分撰写和翻译）。要求刊载的小说不仅“有益于社会”，在形式上还要有“开风气”的价值。该报先后刊登了不少世界名著，如凡尔纳的《80 天环游地球》（1905 年）、雨果的《悲惨世界》（1907 年）、莎士比亚的《哈莫雷特》（1910 年）。辛亥革命后，又以《革命小说：九三年事迹撮要》为题，介绍雨果的小说《九三年》。

(時報第一張)
中華民國四年十一月十日
時報
EASTERN TIMES.
中華教育界
有正書局印刷所啟

图 19 《时报》初期的版面

鉴于当时的革命形势的复杂性，这部小说的刊载就有了重大的现实意义。胡适曾经评价说，其“与我国现在的形势均有关系，实惊心动魄之作也”。[9]

《时报》创刊之初，开设了《新书》、《词林》、《口碑丛述》、《瀛谈拾零》（专门刊登各国新闻花絮）等多种栏目。不久，该报的另一编辑包天笑发现，这种分散编辑的办法缺陷很大，不仅不容易吸引来稿件，而且无法形成一定的编辑体例。为吸引读者和来稿，包天笑尝试在这些文艺栏目之外开辟了栏目式《余兴》，集中刊发一些幽默小品文。之后的《余兴》栏目里，出现了不少讽刺政局和揭露袁世凯嘴脸的山歌。这个栏目包容性很强，编辑还把戏剧山歌、短篇小说、游戏文章、时装百美图等文艺形式纳入其中，把《余兴》办成了文艺小百科。《余兴》的子栏目比较多，内容丰富多样，刊载的文章尽可能具有一定的文化品位，雅俗共赏。主编这个副刊的编辑包天笑注意发表新近青年的作品，在《余兴》里专门开辟了“青年习作”栏目，其目的是为了涵养稿源，培养作者，果然后来青年的来稿不断增加。1916 年，狄平子、包天笑聘请毕倚虹主编《时报》，将副刊改为《小时报》。《小时报》以“小”见长，巧妙地把言论、趣味性新闻、文艺评论和文艺作品有机地结合起来。在发刊初期，《小时报》刊登的文艺作品一般集中在第四版，作品并不多。编辑以发表连载小说为主，集中刊载一些文艺作品，曾连载毕倚虹创作的小说《黑暗的上海》、沈太侔创作的《东华琐录》，还刊载笔记掌故类的小品，如《电影杂谈》、《滑稽明星谈》、《二十六年前上海之回顾》等，这些知识性和趣味性兼具的小品文在当时很受读者欢迎。另外，《小时报》还刊登文人诗词，作者有文公达、袁寒云、汪荣宝等。

麻雀虽小，五脏俱全。从编辑形态上看，毕倚虹主编的《小时报》风格独特，宛如一张缩小了的正报。《小时报》头版和第二版图文并茂，内容一般是新闻和言论，栏目颇多，如小言论、小专电、小新闻、小翻译、小调查、艺术界消息、影戏界消息。这些文字往往是一二百个字，或者几十个字，简洁明快，让人一目了然。一些插图、照片、讽刺性漫画常常刊登在版面的中央或右下方。该报首开《无线电》专栏风气，刊登来自各地的电文。《小言论》一般由编辑毕倚虹（笔名清波）自己撰写。该报重视戏剧界新闻，常常把这样的新闻放在突出的版面进行处理。比如梅兰芳在上海演出戏《西施》，《小时报》立即出特刊进行报道评价。第四版集中刊登讽刺幽默小品。从编辑体例上看，《小时报》已经不是普通的报纸副刊，其形式已具有某些综合性副刊的特点。

综上所述可以看出：兼收并蓄、不拘一格，敢于开风气之先，在继承变通前人探索成果的基础上有所创新，这是上海商业性报纸的品格。

1911 年 8 月 24 日，《申报·自由谈》创刊。第一任主编是王钝根，他主编《自由谈》近四年，由于编辑固定，这个副刊形成了比较稳定的编辑风格和编辑体例。《自由谈》每期大约刊登五个左右的栏目，半年后，栏目逐渐增多。办刊之初，游戏文章刊载较多，第一期的游戏文章《助赈会》，由王钝根自己创作。后来《博君一粲》和《岂有此理》被改为《心直口快》、《千金一笑》，其中的文章一般百余字，大多为轻松幽默的小品。此外还有《古今见闻录》，刊登的是笔记小品。还有“尊文阁”词选、新剧本、小说连载等等。游戏文章的主要作者有童爱楼、刘铁冷等，文选词选以叙哲身、许瘦蝶、高太痴为代表。1913 年 9 月前的连载小说有《浦江潮》（王钝根）、李定夷的《念秧余孽》、野民的《华山梦》等，连长篇小说在内，这一时期共发表五部小说。

自由談
徵文告白
遊戲文章

图 20　1911 年《申报 · 自由谈》版面

之后，王钝根身兼几任，一边编辑副刊《申报·自由谈》，一边主编《游戏杂志》。1916 年 10 月 31 日，《申报·自由谈》编辑易主，由陈蝶仙（天虚我生）主编，他到了《自由谈》后，基本按照原来的编辑体例进行编辑。首篇游戏文章《召请投稿家》代征文稿，第二篇和第三篇是他撰写的诗话和小说。12 月，增刊了《新自由谈》。从前期的发展脉络看，开头偏向游戏文章。中间多是诗词文学。它注重趣味与知识，因而门类繁多，滑稽文字、音乐美术、小说笔记、诗词戏曲、传奇剧评、日用常识无所不包。政治格调平和，谈不上针砭时弊，与《申报》标榜的“无党无偏”的编辑方针一致，创造了商业性报纸副刊发展的一种模式。现将 1916 年 11 月 20 日的《申报·自由谈》的目录按顺序列出：

游戏文章

拟代哭庵老人至侯王琴客书　（红树）

曲栏

题秋阁梦影图　（天虚我生）

谈艺丛

蔡锷与周瑜之比较　（枫 隐）

小说

妍媸镜（一）　（天虚我生润文、常觉小蝶合译）

本期《申报·自由谈》占上半个版，下半版为包天笑主编的《小说大观》第六集的出版广告。本期《申报·自由谈》的内容比较有代表性，主要作者大多是鸳鸯蝴蝶派作者。

从王钝根到陈蝶仙，注重副刊编辑的通俗性、娱乐性，迎合一般市民的阅读口味。除了“小说”外，上面所选择的其他文体多属小品文体裁，话题多是市民感兴趣的题材。这样的编辑形态，顺应了上海都市生活紧张快速的节奏。这些小品体裁之所以被副刊编辑选中，就是因为能够快速、便捷地反映都市生活的新景观、新感受，从而更加刺激读者的文化消费需求。这种编辑追求，在某些方面也反映出在近代城市社会转型中，政治色彩逐渐淡化，商业文化色彩日益浓厚的价值取向。同时，反映出大众文化试图主宰公众的文化生活的发展趋势。

1913 年，严独鹤主编的上海《新闻报·快活林》创刊，其副刊的编辑风格以及编辑形态和《申报·自由谈》差不多，仍然是一个消闲性、娱乐性的副刊。创刊之初，《民立报》创作“集锦小说”后，《快活林》很快模仿，在不到一年的时间里，先后刊登了《海上月》、《奇电》、《蓬蒿王》、《红叶村侠》、《夜航船》、《迷奇》、《怪手印》、《珊瑚岛》、《新嘲》、《闺仇记》等 10 多篇。每篇由一人开笔，段落结束处点出续写者的笔名。“点将”续写，循环不已。在商业性报纸副刊上，这样的方式主要是为了招徕读者，是销售报纸的一种手段。在《快活林》版面中心，还经常刊载当时著名漫画家马星驰的讽刺漫画，主要讽刺军阀和政客。与《自由谈》相比，该刊重视长篇小说，先后连载的有李涵秋的《侠凤奇缘》、《战地莺花录》、《境中人影》，还有向恺然的《玉扶金环录》

等。从题材上看，该刊无所不登，1920 年后武侠小说、侦探小说、历史小说的兴起，该刊起了一定的推动作用。严独鹤本人就翻译了不少侦探小说，1916 年，他先后和程小青、周瘦鹃等人一起合作翻译《福尔摩斯探案集》，影响很大。作为新旧折中的成果，严独鹤每天撰写《谈话》一篇，约 400 字左右，刊登在报纸的右上角。谈话的题材广泛，风格幽默，社会性强，是后来其他报纸上《小言》栏目的起源，也是以后副刊上随感录和杂文栏目的雏形。同时，《谈话》也是《快活林》和读者交流思想的一条纽带，所谈内容涉及文艺、家庭、社会，无所不包。上述《自由谈》和《快活林》在编辑形式的探索方面，为以后报纸副刊向着综合性方向发展奠定了基础。

注释：

[1] 郑贯公：《开智社有所谓出世之始声》，《有所谓》，1905 年 6 月 4 日。

[2] 郑贯公：《有所谓发刊词》，《有所谓》，1905 年 6 月 4 日。

[3]《民呼发刊词》，《民呼日报》，1909 年 5 月 15 日

[4]《民立报》发刊词，《民立报》，1910 年 10 月 11 日。

[5] 同上。

[6]《中外日报发刊词章程》，《中外日报》，1898 年 8 月 17 日。

[7] 戈公振：《中国报纸进化之概观》，《国闻周报》，第四卷第五期，1927 年。

[8]《时报》发刊例第二十一条，《时报》，1904 年 6 月 12 日。

[9] 胡适：《十七年的回顾》，转引戈公振：《中国报学史》，北京：三联书店，1986 年版，第 143 页。

第六章　内容的更新：新文化运动影响下的报纸副刊

第一节　精英文化主体与副刊文化建构

以《申报·自由谈》为代表的商业性报纸副刊的出现，推进了报纸副刊在形式方面逐渐完善。但是，这类报纸副刊偏重在大众文化消费层面满足一般读者的阅读趣味，这样，势必造成报纸副刊精神视野狭窄，承载的生活内容相对单薄，导致报纸副刊的文化品位不断下降。以至在民国初期，以这类报纸副刊为媒介，集结了一大批“鸳鸯蝴蝶派”作家，此类副刊很快成为“鸳鸯蝴蝶派”文学的大本营，使这些报纸副刊无法容纳新的时代精神内涵和日益丰富的社会生活内容。

1915 年 9 月 15 日，现代文化革命先驱陈独秀在上海创办《青年杂志》，揭开了新文化运动的序幕，为报纸副刊的发展提供了丰富的精神资源。在过去副刊发展所铺就的形式轨道上，新文化运动时期的报纸副刊无论在编辑形式还是在文化面貌方面，都呈现了不断创新的发展态势。“五四”精英知识分子以追求“科学”、“民主”的精神追求为指向，运用现代报纸的编辑理念，比较成熟地运作一些报纸副刊，并使之成为自己的公共话语空间和启蒙大众的文化广场。以上海《时事新

图 21　《青年杂志》创刊号

报·学灯》、《民国日报·觉悟》和北京《晨报副刊》、《京报副刊》为代表的新型报纸副刊迅速崛起，在营造时代的精神气候、传播新文化思想方面形成了南北呼应的局面。

“五四”新型报纸副刊的出现，一方面有其特定社会政治和文化条件，同时与现代知识分子人格独立和精神觉醒有着密切关系。这些报纸副刊的编辑方式、编辑形态及其所呈现的文化面貌、精神内涵表明，现代性的因素不断进入中国报纸副刊，现代知识分子从精神上脱离了封建文化意识形态的控制，并使报纸副刊的编辑形态、文化面貌发生了前所未有的变革。

阅读这一时期的报纸副刊，一个基本的印象是：报纸副刊编辑以版面为纽带，一面联系着院校所集结的现代知识分子精英人物，一面联系着方方面面的社会公众，形成了社会广泛参与副刊运作的局面。他们所携带的各种话题，涉及社会文化、政治经济变革的各个层面。从报纸副刊文本话语中，不仅可以听到众多现代知识分子精英人物的声音，而且也能感受到社会不同层面的人物要求社会变革的急迫情绪。从副刊话语层面分析考察，以副刊为媒介的“话语空间”的积极分子已经意识到自己的声音与官方权力阶层及其意识形态的尖锐对立。从编辑方式以及编辑形态上看，这些副刊的编辑以报纸特定版面为传播媒介，紧紧把握社会文化变革的脉络走向。

这些编辑常常把社会大众作为拟想的对话者，联合一批具有强烈民主和科学观念的现代精英知识分子，以报纸副刊为话语空间，承担“向导国民”的文化启蒙角色。其目的是扩大现代知识分子思想在大众中的影响，试图建构新的社会意识形态，推进中国社会文化的变革。

“五四”新文化运动初期报纸副刊的编辑方式有以下几个特点：一是注重以专家学者为主体的社会精英人物的参与；二

是提倡争鸣之风，以互动的方式办刊；三是兼收并蓄时代文化思潮，思想性、知识性和趣味性并重。

在“五四”新文化运动时期著名的副刊中，上海《时事新报·学灯》创刊时间最早（1918年3月4日），初期主编为张东荪。其次是北京的《晨报副刊》。[1]前者的前身是《时事新报·报余丛载》，这个栏目曾连续三年刊登《上海之黑幕》，内容迎合一般读者的趣味，文化格调低俗。而在李大钊主办《自由论坛》之前，刊登文艺性文字的《晨报》第七版，“除了小说之外，还有旧闻、笔记、剧评之类的点缀性文字，多属游戏笔墨，供人消遣”。[2]1919年6月16日，上海《国民日报·觉悟》创刊，由邵力子、陈望道等人主编。《晨报》的办报宗旨前后一致，即“监督政府，拥护民权，促进法制，宣传文化”。[3]《时事新报》也是梁启超领导的进步党所办的报纸，办报思想与《晨报》大致一样，该报曾积极反对袁世凯称帝活动，梁启超称此报“为我党唯一之言论机关”。[4]《民国日报》为孙中山领导的中华革命党的激进派邵力子、叶楚伧等人所办，是该党在国内的主要言论阵地，后为中国国民党的机关报。这两家报纸副刊的编辑思想大致相同。

基于历史的惨痛教训，以思想文化学术为武器，致力于开启民智的工程，是“五四”新文化运动精英人物改造社会的基本思路。北京和上海得地域上的优势，以出版物和大学为中心，集中了一大批文化精英分子，为办好报纸副刊、开风气之先提供了丰富的文化资源。要了解这些报纸副刊的编辑形态，我们不妨首先考察其栏目设置和作者队伍，这样能更清楚地了解新文化运动力量的集结和辐射的过程，从而凸现出编辑方式和编辑形态的一些特征。

先看栏目设置，就1919年2月到1923年3月的《时事新报·学灯》、《晨报副刊》（包括李大钊主编的《自由论坛》）和《民国日报·觉悟》进行横向比较。

《时事新报·学灯》	《晨报副刊》	《民国日报·觉悟》
教育小言	论坛（自由论坛）	评论
评论	劳动问题	演讲
论坛	妇女问题	译述
译述	家庭问题	选录
名著	译丛	劳动问题资料
思潮	理想世界	诗
演说录	演讲录（演讲汇录）	小说
杜威演讲	专著	剧本
青年俱乐部	特载	通信（通讯）
社会问题	专件	随感录
劳动问题	名人评传	社会研究
教育	科学丛谈	妇女问题
学校调查	科学世界	社会调查
文学谈	调查	艺术批评

读书录	讨论	名剧
美学	通信	专载
讨论	旅俄通讯	文学研究
商榷	杂感	问题研究
读者论坛	浪漫谈	国外调查
新诗	小说	国外特别通讯
文艺	剧本	短篇剧本
小说	新文艺	旅欧随感录
名剧	歌谣	合作问题
科学	游记	游记
通讯	文艺谈	社会状况
来件	艺术谈	新书批评
介绍新刊	剧谈（剧评）	新剧批评

三家报纸副刊的栏目设置前后都超过 30 个，这里并没有全部列出，只列了一些出现频率较高的栏目。这些报纸的共同点是把评论类的栏目作为编辑重点，一般放在头题位置或第一版上。其次是有关刊载演讲的栏目，多录当时名人演讲。杂感随笔类的栏目常常在一版的下半版进行处理。其他的栏目视内容而定，有时也出现在头版，但文学作品大多刊登在第二和第三版上。

若把以上这些众多的栏目进行分类，可大致分为七类：

一、言论类的栏目：包括《评论》、《思潮》、《演讲》（演说录）、《论坛》、《教育小言》、《杂感》、《浪漫谈》、《随感录》等；这类文章长短不一，大多来自名家，如陈独秀、周作人、李大钊、梁启超、张东荪等，多对当时的社会问题、学术问题、文化思潮发表看法。

二、文艺类的栏目：包括《美学》、《艺术批评》、《文学研究》、《文学谈》、《文艺谈》、《剧谈》（剧评）、《新剧批评》和以文学体裁命名的专门刊登文学作品的栏目。这些栏目多刊登名家对文艺动态的看法，或刊登名家和新人新作品。

三、新闻信息类的栏目：包括《学校调查》、《介绍新刊》、《国外调查》、《国外特别通讯》、《旅俄通讯》等，这些栏目主要介绍国内外的社会文化思想。

四、知识性趣味性栏目：包括《科学》、《科学丛谈》、《科学世界》、《名人评传》等。以介绍科学知识和最新科学成果为主。

五、社会热点问题：包括《劳动问题》、《妇女问题》、《家庭问题》等，多是名家发表对社会热点问题的看法。

六、输入域外文化思想的栏目：包括《译述》、罗素、杜威来华的《演讲》等。

七、编辑与读者互动性的栏目：包括《来件》、《通信》、《讨论》、《通信（通讯）》、《青年俱乐部》等，部分文章是名家之间针对一些学术、思想、文化和社会问题展开争鸣；大多数文章来自社会的方方面面，其中，青年读者居多，重点对各类社会问题发表意见。

在这七大类栏目中，有浓郁的思想性、学术性的栏目占了相当大的比重。这一时期，三家副刊所发表的言论类的文章共有1048篇，其中，《晨报副刊》有392篇，主要作者有李大钊、胡适、孟真（傅斯年）、费觉天、蔡元培、陈独秀、周作人、孙福熙、谢婉莹、郑振铎、孙伏园、甘蛰仙、梁启超、黎锦熙、刘复、松年、仲密、风声、陈大悲、寿明斋、魏建功、丁文江、王星拱、唐钺、张君劢、张竞生、高一涵等，以头版头题的方式处理的有291篇；《时事新报·学灯》有308篇，主要作者有张东荪、蓝公武、梁启超、匡僧、胡适、陈望道、左学训、叶楚伧、宗白华等，以头版头题的方式处理的有119篇；《民国日报·觉悟》有540篇，主要作者有叶楚怆、蓝公武 、华林、胡适、蒋梦麟、力子、郑振铎、周作人、胡汉民、陈独秀、戴季陶、施存统、陈望道、沈玄庐、晋青等，以头版头题的方式处理的有312篇。三家报纸副刊《言论》栏目的基本话题有一定的差别。《时事新报·学灯》谈论的问题较为微观、具体，总体上积极配合新文化运动的开展，在打倒偶像、否定传统的一片声音中，它认为“与原有文化，主张尊重而科学解剖之”，[5] 提倡以科学的态度对待中国传统文化。《时事新报·学灯》比较注意探讨教育的方法、教学的改革和有关文化出版、历史哲学等方面的问题，而《民国日报·觉悟》特别重视《评论》的编辑，所涉及的问题多与文化启蒙、社会政治变革有关，编辑声明自己“本着反省、实行、持久、奋斗、活泼、愉快、牺牲、创造、批评、互助的精神，求适应于‘人’·的生活—— 做学生方面的思想改造事业”，提倡

"取公研究的态度，发表一切主张"。[6]因此，该副刊一开始就表现出较为激进的文化、政治态度。在不少评论中，可以发现"五四"新文化运动对《民国日报·觉悟》的深刻影响，这些评论表明了该刊对群众运动的强烈兴趣。编辑认为，发展群众运动是解决一切社会问题的武器。1920年后，《民国日报·觉悟》副刊发表一系列的评论和随感，采取与持不同意见者讨论、争论的方式，表明了当时一些青年知识分子对社会主义、马克思主义不断认同的政治取向。《晨报副刊》言论编辑更侧重于文化学术。它们基本的编辑方法是大致一样的，即重视文化学术教育的力量。

由编辑所统领，不同政治背景、文化背景、专业背景的专家学者和社会有影响力的人物参与报纸副刊文化的建构，是这些报纸基本的编辑方式和突出特色。这样的编辑方式，根本的原因恐怕在于思想上受《新青年》影响，这就是以文化启蒙为要务，从根本上推进中国社会的变革。胡适曾回忆，"大家办《新青年》的时候，本有一个理想，就是二十年不谈政治，而在教育思想文化等等非政治的因子上建设政治基础"。[7]其实，这也是他们当时开展新文化运动的基本思路。《时事新报·学灯》先后几任编辑张东荪、匡僧、李石岑、郑振铎、宗白华等人都是新文化运动的中坚力量，所以一开始就把自己的办刊宗旨定为"促进教育"、"灌输文化"，声言自己的版面要"为社会学子立说"，这与李大钊、孙伏园主编的《晨报副刊》和邵力子、陈望道主编的《民国日报·觉悟》所呈现的思想有某些一致的地方。以《晨报副刊》为例，该刊之所以大量刊登学术思想方面的文章，是因为编辑把社会文化启蒙看作报纸副刊最基本的职能，这些思想正是贯穿《晨报副刊》发展过程的一根红线，是与“五四”新文化运动的文化启蒙主调相感应的结果。李大钊主持编辑《晨报》第七版时期(1919年2月至1920年6月)，本来以道德革命和文化启蒙为主旨的“五四”新文化传播潮流，由于“五四”爱国运动和俄国十月革命的推动，迅速演化为一种“五四”高潮时期特有的以社会改造为旨归的“新思潮”运动。当时，出版物都以介绍“新思潮”为“旨趣”，李大钊立足于文化启蒙，依托北大和《新青年》所集结的文化学术精英群体，迅速使“晨副”成为传播“新思潮”的“讲坛”。在这里，李大钊发表了一系列介绍马克思主义的文章，先后出版了“马克思专号”、“俄国革命纪念专号”等专版。1920年7月，孙伏园接手“晨副”编辑工作，适逢“五四”退潮，新文化统一战线分化，但《晨报副刊》的编辑思想并未改变，仍然以启蒙为自己的编辑理念。这一时期的《晨报副刊》继承《新青年》业已中断的启蒙理想，集合鲁迅、周作人、胡适、陈独秀、吴稚晖、刘半农等名家，推出“社会批评”与“文明批评”等随感式的特色文章，针对妇女解放、家庭改革等问题开展社会文化启蒙工作，大量刊登鲁迅等新文学家的作品，翻译介绍西方文学思想和文学作品。在这里，文化学术精英依托自己的学术背景，参与社会文化价值建设，如吴稚晖谈国学，陈独秀谈如何开展新文化运动，胡适谈国语运动与文学建设，张松年以随感的形式谈社会发展与生活方式变革的关系，马叔平谈考古，周

晨報副鐫

講演

科學精神與東西文化

小說

夏夜夢

图 22　1922 年 8 月 24 日《晨报副镌》第一版

作人谈贞操问题和妇女解放问题，费觉天介绍无政府主义，周作人与赵景琛还以书信的形式探讨童话文学等等。这一时期的《晨报副刊》，洋溢着热烈浓郁的文化学术空气。

这一时期，三家副刊的作者众多，据初步统计，《时事新报·学灯》的作者有 60 多人，《晨报副刊》有 97 人，《民国日报·觉悟》有 73 人。但留心这三家副刊的主要作者，特别是当时的一些名家，我们可以发现，三家副刊主要的作者有一部分相同。为了叙述和分析方便，把这一时期三家副刊的主要作者列出：

《时事新报·学灯》	《晨报》“自由论坛”	《民国日报·觉悟》
张东荪	守　常（李大钊）	蒋梦麟
梁启超	若　愚	华　林
蓝公武	一　湖	叶楚伧
匡　僧	费觉天	朱执信
周作人	冰　心（谢婉莹）	胡　适
刘海粟	陈独秀	王光祈
陈望道	周作人（仲密）	高一涵
左学训	郭梦良	孙伏园（伏庐）
潘公展	郭绍虞	周作人（仲密）
叶圣陶	孙福熙（春台）	玄　庐
叶楚伧	王光祈	郑振铎
康白情	徐宝璜	马君武
伏　卢	易家钺	戴季陶
郭沫若	平　伯	邵力子
王光祈	孟　真	陶行知
蒋梦麟	鲁　迅（风声）	汪精卫

胡　适	伏　卢（孙伏园）	静　庐
平　陵	郑振铎	李宗武
张崧年	蔡元培	施存统
白　华	瞿秋白	陈望道
沈雁冰	罗家伦	刘大白
陈独秀	潘公展	潘公展
沈泽民	陶孟和	毛　飞
代　英	张崧年	陈独秀
张崧年	高一涵	王造时
西　谛	胡　适	曹聚仁
郑振铎	蒋梦麟	蔡元培
舜　生	周建人	沈玄庐
愈　之	沈兼士	鲁　迅
守　常（李大钊）	予　仁	周作人
蓝公武	余幼尘	夏丏尊
蔡元培	钱玄同	张闻天
康白情	松　年	李　达
澹　庐	俞颂华	魏金枝
公　展	瞿世英	何新冷
魏金枝	甘蛰仙	蒋光赤

郭虞裳	陈大悲	李大钊
郁达夫	欧阳予倩	章太炎
黄庐隐	徐玉诺	许　杰
郑伯奇	顾颉刚	白　采
王统照	刘半农	孙良工
张静庐	蒲伯英	魏金枝
许地山	康白情	刘半农
沈玄庐		蓝公武
冰　心		沈泽民

通过进行横向比较，可以发现，三家副刊近一半的主要作者相同，这说明尽管办刊的思想有一些差别，但编辑都善于整合文化学术资源，并倾向于一些精英人物参与副刊文化的建构。像鲁迅、李大钊、陈独秀、胡适、周作人、蔡元培等都是新文化运动的主将。大致相同的编辑方式和编辑思想，再加上以文化精英为主体的作者队伍，决定了这些副刊的编辑形态、编辑定位和编辑追求，使副刊成为现代知识分子的话语空间。

这样的话语空间也有明确的社会定位，即介于官方权力和私人生活领域之间的一块以现代知识分子为主体的公共领域。一方面，他们是社会转型时期的先觉者，在政治上和思想观念上与当权者相对立，由此决定了他们的文化立场，使副刊自觉扮演了社会批判和文化批判角色；另一方面，以副刊为媒介的现代知识分子公共领域不同于当时的私人领域和公共权力领域，由于他们与传统文化和当权者保持着适度的距离，不过多地受制于公共权力的管辖，一些副刊在实际的操作中超越了党派、团体以及私人领域的利益，以关注社会的发展为指向，致力于社会公共事务，具体表现为文化批判、文化改造，以多种方式推进社会变革等。其运作方法有平等对话、公开争鸣、意见领袖介入、民意征求等方式。在政治上，力图以副刊为舆论媒介，对国家社会加以调节；在文化建设上，他们以副刊为阵地，活跃于文化学术层面，以“重估一切价值的”文化姿态，“研究问题、输入学理、整理国故、再造文明”，[8]从而推进其以“启蒙”为主旨的文化革命的开展。

就副刊文化的建构而言，由于有着各自文化、政治、学术背景的众多新文化运动精英人物的参与，不仅改变着副刊话语空间的内部结构，也在编辑形态层面影响着副刊的议题设置，形成了文化上兼容并包的多元化编辑方式。当时的副刊，一是热衷讨论政治、宗教、文学、教育、社会改造等问题，二是介绍西方新思想、新学术、新文学等。因此，通过副刊设置的栏目，集中呈现了当时知识分子关注的社会热点：如传统文化、文学改革、国语统一、妇女解放、教育改良、戏剧改良、婚姻与恋爱等问题；罗素、杜威思想以“演讲”的方式呈现。在输入域外文化思想的栏目里，不仅可以读到马克思，也可以看到尼采、易卜生、梅特林克、托尔斯泰等。通过编辑形态的具体呈现，可以看出这些报纸副刊比较关注文化思想层面，自觉地使媒体与文学和学术结缘，批判传统文化，翻译介绍西方文化思潮，把学院文化精英的思想引进公共领域，从而以自己的传播方式，扩大了新文化运动的影响。《民国日报·觉悟》则以较为激进的姿态，关注公共政治领域的问题，与当权者和各种腐朽的社会势力进行较量，并将那些为当权者和腐朽社会势力所掩盖的问题呈现出来，迅速转化为知识分子公共领域内关注的社会问题，使这一公共领域成为社会批判和政治舆论的媒介场所。总的来看，三家副刊均表现出强烈的理想主义色彩，其共同的指向是：以西方社会和西方文化为参照，建构新的政治意识形态和文化价值观，推进中国社会政治和文化的转型。

第二节　走向大众　互动式办刊

新文化运动的最终目的是通过文化启蒙，使新的价值观念深入人心，从而在社会大众中建立有益于现代社会发展的意识形态，让大众成为社会发展的参与者。为了扩大新文化运动的影响，一些副刊编辑采取“互动”的方式办刊，让更多的读者参与报纸副刊的文化建构，这样的编辑方式带来了副刊编辑形态的创新。

所谓“互动”，对报纸的编读传播过程来说，是编者和读者互为前提的一种文化传播行为。在编读传播过程中，互动具有明显的双向性。依据“五四”时期的报纸副刊来观察，互动蕴涵两个方面的内容：一是副刊的编辑动机和编辑方式以满足读者的阅读需要为基本原则；二是读者的阅读行为因报纸副刊提供的信息以及编辑所组织的读者参与活动而产生。读者通过参与编辑所策划的一些活动，改变了副刊文化信息“单向传播”的格局，不仅引发了读者的兴趣，同时也强化了读者在传播中的主体地位。互动办刊，通过活跃的编辑方式，拆除了学院文化精英和社会大众之间的“围墙”，成为寻找报纸副刊与读者交流的最佳契合点和最有效手段。

“五四”初期，三大副刊互动办刊的形式灵活多样，内涵丰富多彩。比较突出的方式是征询式，一般先由编辑设置议题，然后以来信、征文、组织讨论等方式，吸引读者参与。1919 年 3 月 13 日到 3 月 15 日，《时事新报·学灯》一连三天刊载《本栏特别征文》，涉及 7 个议题，即 8 个征文题目《学者每日之理想的生活》（制时刻之课程表）、《理想的书斋》、《室内室外之装饰及人物》、《理想的家庭》（包括家属设备事情等项）、《理想的农村》、《理想的都市》、《理想的国》、《理想的世界》，这些题目从微观到宏观、显示出“五四”时代副刊编辑改造社会、改造国家、指点江山的恢弘气度。1919 年 5 月开始刊载读者的征文来稿 13 篇，作者既有像潘公展、刘家骏这样的活跃人物，也有一些无名之辈，他们基于社会变革的要求，开出一些药方，观点尽管很幼稚，但是，他们积极参与编辑策划的议题，表现了浓厚的热情和兴趣。

为了配合读者对这些议题的讨论，在此后一连几个月的版面上，编辑开设了《思潮》这一栏目，同时还针对相关的问题，开设了《教育研究》专栏，胡适、左学训、朱谦之、柯一岑、陈望道等名家积极发表言论，话题触及家庭改革、社会主义和中国的出路、新文化的建设、中学教育制度的改革等等。围绕这些话题的讨论，这一时期“青年俱乐部”栏目的作者明显增多。1919 年 4 至 6 月此栏目发表的文章有 73 篇，作者有 56 人，大约三分之一的话题内容与征文的话题有关。这种互动办刊的方式，就编辑而言，将文化视野扩展到了社会各个方面；就读者来说，由于他们积极参与话题的讨论，使自己所接触的社会信息通过版面进入传播渠道。这样，不仅活跃了自由争鸣的文化气氛，而且增强了副刊文章的可读性。

讨论问题的互动方式也是三大副刊经常采用的方法。《晨报副刊》在 1919 年 11 月 12 日开辟了《讨论》专栏，仅在 1919 年 11 月 12 日至 1920 年 8 月 11 日，就发表文章 47 篇。从发表的文章来分析，该栏目的基本定位为新文学运动中的热点问题——文字改革和如何对待民间文学问题。第一篇讨论文章为胡适的《“的”字的用法》，在以后一连多期里，沈兼士、陈独秀、钱玄同、孟真等 10 多位名家，对此问题发表不同看法，进行自由争鸣。之后，该栏目又针对“得”字的用法、民间歌谣问题、注音字母问题进行讨论。此后，该刊的评论性栏目也发表一系列相关文章，如《中国文字救济法》、《中国文之选授方法》等文章，以此推动对这些问题的深入探讨。

《晨报副刊》对妇女解放和婚姻问题非常关注，曾对此开设《家庭问题》、《妇女问题》等栏目，对“男女交际”、“大学是否应该开女禁”、“女子人格”和“男女再婚问题”等社会普遍存在的问题进行专门讨论，罗家伦、康白情、王光祈、郭梦良、黄庐隐等人曾积极参与，发表过与传统价值观念相悖的一些观点。对于这些问题，编辑孙伏园很会寻找内涵丰富的新闻由头，并以此展开讨论。1923 年 2 月，北京大学生物系教授谭熙鸿的妻子病故，几个月后，谭熙鸿出人意料地与 22 岁的妻妹陈淑君恋爱同居。之前，陈淑君与老家广大的沈某已有婚约，沈某闻讯来到北京，在报纸上发表文章，指责谭陈二人有悖于道德人伦，此时的社会舆论也都倾向于沈某。孙伏园独具慧眼，从中发现一个值得探讨的社会问题。

1923 年 4 月 29 日，《晨报副刊》发表了北大哲学系教授张竞生的《爱情定则与陈淑君女士的研究》一文，提出了与当时社会舆论相反的观点。他认为“在封建思想猖獗的社会，在不人道的家庭，在违背爱情定则的人群里，当然一见陈淑君女士弃沈就谭之事，就会变得大惊小怪了。他们以旧式眼光审视，陈女士应生为沈家人，死为沈家鬼，再不能另有选择了。现在我们应当明白，婚姻应当自由，要订婚就订婚，要解约就解约，即使结为夫妇，也可以离婚……”继而他提出了爱情的四个“定则”：

1. 爱情是有条件的，包括感情、人格、状貌、才能、名誉、财产，爱情的浓烈取决于条件的完全；

2. 爱情是可以比较的；

3. 爱情是可以变迁的，有比较就会有选择，有选择就希望至善至美；

4. 夫妻应是朋友的一种，不同之处在于比朋友更亲密。

在当时的社会条件下，这种观点对人们无疑是一次心灵震撼。文章发表两个月后，读者针对这种观点进行讨论的来信达百余封，用编辑的话说，多数读者“主张旧道德”。孙伏园在副刊上先后刊登36篇读者文章，作者依据各自的社会文化背景，仁者见仁、智者见智，畅所欲言，在北京读书的许广平也加入了讨论。这样的讨论引起了社会的极大关注，实际上提出了那个时代的尖锐问题，同时也扩大了《晨报副刊》在读者中的影响。

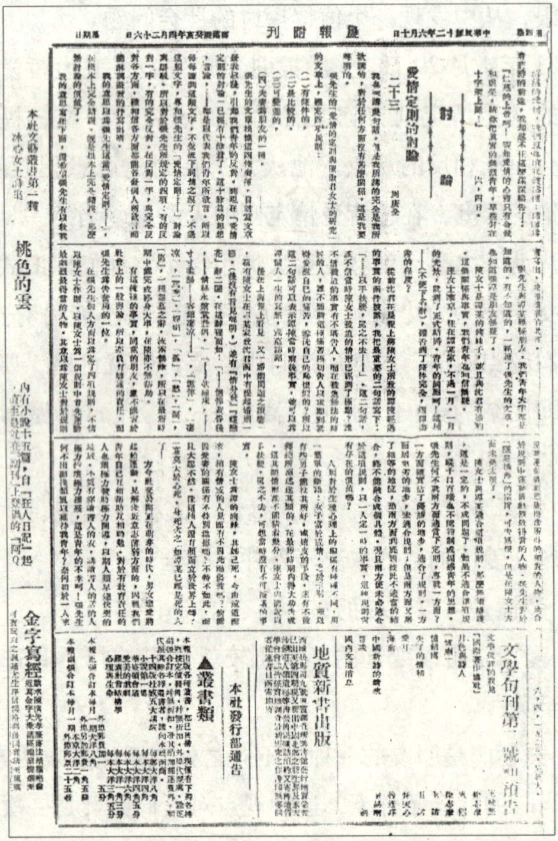
晨報附刊

討論

愛情定則的討論

桃色的雲

金字寓經

文學旬刊

地質新書出版

叢書類

本社發行部通告

图23　1923年6月10日《晨报副刊》第四版

倘若通过栏目设置考察分析“五四”初期三大副刊的编辑形态，我们可以发现一个有趣的现象——三大副刊都特别注重与读者沟通，让读者积极参与副刊文化的建构。在编辑方式上表现较为突出的是设置《通信》、《青年俱乐部》、《来件》、《通讯》等栏目，以方便编读之间的往来。创刊较早的《时事新报·学灯》早在1918年的3月就设立了《青年俱乐部》，这个栏目发表的作品多是自由来稿，作者一般是中小学的教师、江浙一带大中学校的学生。这些来稿主要反映当时基础教育中的矛盾，如职业教育问题、小学教育对于学生思想的禁锢、学生学习方法、旧教育方式的弊病等等，并探讨解决这些现实矛盾的途径。从1918年3月至12月，该栏目共刊登稿件67篇，作者达52人。刊登稿件之多、作者队伍之大，是同期其他任何栏目无法相比的，这个栏目实际上成了读者向编辑反映社会问题的渠道。与此同时，该刊还设了《来函》、《通信》等类似的栏目，除《通信》栏目外，其他两个栏目的主要作者一般来自社会中下层，谈论的问题也常常与时代思潮相关，如小学用白话文的问题、女子解放的问题、社会服务和演剧问题等等。一般说来，这样的栏目常常回答读者提出的问题，或向读者提供相关的信息，带有一定的服务性，办出特色并非一件易事。但这样的栏目一旦触及时代思潮和国计民生的大事，读者的兴趣就来了，由于涉及的问题较大，栏目的分量就自然增加了。1921年10月25日，《晨报副刊》上出现了《通信》栏目，之后，一直延续到孙伏园辞去《晨报副刊》编辑。从1921年10月25日到1923年12月间，该栏目共发表文章46

篇，经常出现的作者 8 人，大多是新文化运动中有影响的人物，如周作人、赵景琛、陈大悲、沈兼士、江绍原等，在这个栏目里，周作人与赵景琛以书信的形式探讨儿童文学方面的问题，吕一鸣和仲密谈论文艺的性质，江绍原讨论关于“宗教”的问题等等，他们以通俗的话语方式，将自己的思想发现诉诸读者，把一个个抽象的理论问题讲得妙趣横生。

晨報附刊

詩

春水

冰心女士

通信

藝術論中的譯詩

小雜感

雜感

图 24　1922 年 6 月 29 日《晨报副刊》第三版

在三大副刊的这类栏目中，《民国日报·觉悟》副刊办得较有特色，来稿量之大、作者之多、反映的社会问题之广，远远超过上述两大副刊的此类栏目的容量。1920 年 2 月 6 日，该刊出现了《通信》栏目，在当月就刊登了 15 篇稿件，到 3 月份，刊载的稿件逐渐增加到 47 篇，到 5 月份就增加到 126 篇，到 1924 年 12 月，这个栏目每月刊载的文章平均约 38 篇。随着来稿的数量增加，《通讯》栏目日益活跃起来。

编辑对于读者提出问题的回答也更加细致深入，形成了良好的互动关系。编读之间，针对具体的问题，不再是一般的你问我答，而是带着浓郁的情感和理智，进行多回合的交流、讨论和研究。在这种意义上，《通信》栏目不仅是编辑和读者沟通的桥梁，也成了广大读者发表意见的话语空间。在不断的来稿里，几乎都是那个时代青年男女最关心的热点问题，如反对封建婚姻、女子的人格和读书权利、家庭改革、怎样争取恋爱自由、女子剪发、怎样过暑假、怎样救济商界的青年、寡妇能否再婚等等，这些来稿多出自江苏、浙江和上海一带的青年读者之手，反映了当时青年的思想状态和对社会问题的认识水平。回答读者的文字多出自主编邵力子之手，由于他长期耐心回答读者的来信，读者对他产生了信任感和敬慕之情，把邵力子看成精神上的导师和生活中的朋友。一位江苏的读者以《荒谬绝伦的强迫“冥婚”》为题，给邵力子写信，反映农村封建势力，以古老愚昧的婚姻方式残害少女的事实。邵力子在发表的回信里，对那位深受迫害的农村姑娘表示同情，呼吁大家觉醒并采取行动，废除这种不合人道的陈规陋习，支持这位姑娘争取恋爱自由和婚姻自由。在一些发表的读者来信里，经常可以看到“力子啊，力子”这样的称呼，这从一个方面体现出编辑和读者之间的亲密关系。

在这三大副刊里，体现编读之间关系的这些栏目在编辑方式上变化较小。这些栏目以自己的话语方式，构筑了“五四”时代一道亮丽的文化景观。一方面是来自社会各个层面的生活、感受和思想，这些与新文化运动密切相关的信息被不断地呈现在副刊上；另一方面，编辑则根据读者提供的信息，通过书信的方式，针对一些问题设计策划议题，让学院文化精英和广大读者积极讨论，这个过程本身就是非常有趣的互动传播过程，体现出编读主体积极参与的态度。从这种意义上说，这样的栏目是当时思想文化界一个重要的舆论空间。由于来自各个阶层的人物的共同参与，这些栏目实际上也是一个相对自由的“公众论坛”。

在三大副刊里，《通信》的文字形成了一种探讨问题的风格，编读双方的语言、思想和情绪都比较活跃。这样的效果，首先得益于编辑对副刊的文体的选择。书信是一种古老的文体，讨论的问题一般是私人性的，但随着时代的变化和印刷传媒的发展，一些私人领域中的问题越来越具有社会意义，如婚姻问题历来属于家庭问题，而到了“五四”时代，却成了与妇女解放和社会变革相关的重大问题。这些问题借助印刷传播媒介，常常成为令人关注的社会问题。书信文体以其亲切、灵活，易于表达个人思想、情感的优势，成为副刊编辑沟通社会大众的一种编辑方式，并由此营造了一个容纳大众思想、情感的话语空间。与其他栏目的话语处理相比，《随感录》中刊载的关于社会批判和文化批评的文章，话语较为尖锐犀利，《评论》、《演讲》等栏目的文章篇幅较长，学术性、思想性、理论性较强，学理味道太浓，而小说、诗歌、散文等文学体裁又有一定的规定性。《通信》类栏目的特点是对话性强、轻松、亲切，无论是其中的思想或者是情感，个性色彩都比较鲜明，话题内容可以无所不包。

总的来看，在副刊版面上，这些《通信》类的栏目与《评论》、《演讲》和《译述》互相补充，使思想性、学术性的话语显得更平实、更朴素、更有吸引力，有效地营造了副刊文化传播的活跃氛围。

第三节　在趣味与学理之间

"五四"时代的报人认为，报纸的天职"在指导社会，矫正社会，而万不容玩弄社会逢迎社会"，[9]他们对报纸改良社会抱有神圣的感情，对报纸的社会作用期望值过高，因此以文化启蒙为社会角色，以民主和科学的精神指向来改造社会，成为三大副刊的编辑追求。

从编辑形态所呈现的文化内涵来看，社会文化启蒙是这些副刊发展的血脉和灵魂。报纸副刊对文化启蒙和改造社会工作的积极参与，与"五四"新文化主旨相呼应。通过编辑形态可以发现，这些副刊的发展过程中滚涌着推动社会政治进步的热情，表现出那个时代的理想主义色彩。编辑在进行话语处理时，几乎不约而同地以西方社会和西方文化为参照，建构新的政治意识形态和文化价值观。但是，他们对当时的受众状态有着清醒的认识。文化启蒙毕竟是社会精英为社会变革开出的一剂药方。而把先进的文化思想传播到大众中去，大众能否真正的理解其精神实质？针对这个问题，孙伏园的认识比较有代表性，他说："在中国今日：特殊情形——教育不发达，一般人没有常识，没有研究学问的兴趣——之下，日报的副刊如本刊及《学灯》、《觉悟》，要兼谈哲学科学，自是绝不可少。但是我很希望各种专门和普通的学问，都渐渐地有人起来组织杂志从事研究和传播，使我们日报的附张卸去这个重担，仍回复原来的地位，让人不把它当作讲义读，去把它当作高等娱乐的场所看。"[10]因此，鉴于副刊的传播形式和特有的受众情况，日报的副刊应该以"趣味为先"。但副刊又担负着文化启蒙和社会改造的任务，三大副刊都有着大致相同的选择——如何处理启蒙和娱乐、学理和趣味并重的关系，如何处理时代主流文化（精英文化）和大众文化的关系。

基于上述认识，编辑特别注意通过栏目设置来合理配置内容。从副刊的演变形态来看，副刊的产生，最初是报纸为了满足读者的阅读需要，使自已某些功能进一步延伸，在此过程中，也吸收了杂志的一些编辑方式。姚福申先生通过研究发现，"报纸的读者群是范围很广的一批公众，除了对新闻、评论有共同的需要外，还有其他方面文化上的需要，在这方面，报纸可与杂志争夺读者"。[11]与其他传播媒介相比，在当时，副刊的读者兼有杂志和报纸及图书的读者，由此决定了他们的阅读趣味和精神需求多种多样。为了扩大读者范围，三大副刊都在做好“配菜”上下工夫。《晨报副刊》比较有代表性，即采取增加趣味性的内容，加大刊登科学知识和文艺作品的比重等编辑策略，打破思想、学理的“枯燥”、“沉闷”。

以下以1922年12月1日出版的《晨报副刊·晨报四周年纪念增刊》为例，将其目录按刊登版面位置的顺序列出——

第一张

中西文化的互助　杜里舒

什么是文化　梁启超

国际的资本主义下的中国　李守常

纪念《晨报》的四周年　谭熙鸿

第二张

安斯坦相对论概略　夏浮筠

我希望晨报今后对于教育方面应做的两件事　周建侯

烦闷的生活　南庶熙

纪念小小朋友的生日　品　青

第三张

南宋的白话词　胡　适

学校生活的一页　作　人

第四张

时光老人　爱罗先珂

不周山　鲁　迅

园的东西　伏　园

第五张

晨报与戏剧　　上　沅

平民的恩人陈大悲

作为典型个案，本期的内容配置比较有代表性。其中，第一张上的几篇文章都是与时代文化变革相关的重大课题，作者都是国内外思想界很有影响的人物。本期共刊登文章 15 篇，文艺性的内容有 7 篇，几乎占了一半。科学方面的内容为 1 篇，学术方面的内容 3 篇，其他内容 4 篇。除了第一张的内容外，其他内容的可读性都很强。特别是爱罗先珂的《时光老人》、孙伏园的《园的东西》和胡适的《南宋的白话词》，作者都以自己的生活经历和阅读感受来谈其中的学理，读起来亲切平易、妙趣横生，给人以思想的启迪。之所以在内容上这样调配，这与编辑孙伏园注意读者的意见反馈有关，在此之前，有读者反映，《晨报副刊》在谈文学、哲学方面的东西时，"有些东西太枯燥了"，因此孙伏园在调配版面内容时，"第一件自然是我们自己的宗旨，但是第一件就全在观察一般读者的意见。"[12] 1922 年 11 月后的《晨报副刊》与之前的内容相比，学理性的东西有所减少，科学的、文艺的内容有所增加，这与孙伏园的编辑思路有直接关系。《晨报副刊》如此，《时事新报·学灯》也在不断地调整自己。1918 年 12 月之前，《时事新报·学灯》主要刊载教育、学术方面的文章，文艺方面的内容很少见，虽然有《科学丛谈》栏目，但时断时续，10 个月里只刊载 10 多篇，由于思想和学理性的内容太多，报纸版面刊登的内容整体显得较为单调沉闷。1919 年 1 月到 1923 年 12 月，平均每个月刊载介绍世界最新科学知识方面的文章大约 17 篇，版面气氛开始活跃起来。1920 年后，刊登文艺作品的版面不断增加，举凡新诗、小说、杂文几乎每期都有，周作人、郭沫若、郁达夫、刘半农、康白情等新文学家的名字频繁出现在版面上。而此时的《民国日报 · 觉悟》的栏目已经发展到 10 多个门类，文艺性的内容逐渐增加。

发挥小品文的灵活作用，注重时代感，软化学理性、思想性较强的话题，处理好启蒙主潮文化与多样杂陈通俗有趣文化形态之间的关系，这些编辑方式，也是三大副刊编辑经常采用的基本策略。阅读"五四"时期三大副刊，很可能给你这样一个印象，散文、随笔、杂文和游记文学等小品出现较多。从传播学的角度看，现代报刊的发展和"五四"时期思想自由的风气，促进了小品文成熟。而"五四"时期报纸副刊的革新，为传统文学体裁与现代报刊的新闻、政论等体裁的结合提供了一个自由天地。先看杂文和随笔，鲁迅、周作人的杂文在三大副刊上经常出现，他们常以当时社会上出现的新闻作由头，谈论文化革命、妇女解放等问题，笔触所至，批判民族身上的奴隶性，剖析民族的心理深层的污垢，真实记录那个社会的历史变迁。鲁迅收入《坟》、《热风》等集子中的早期杂文，有很多都发表在《晨报副刊》上，像《智识即罪恶》、《事实胜于雄辩》、《估"学衡"》、《对于批评家的希望》等文章，不仅传播了最新发生的新闻，而且帮助读者明辨是非，深入开掘这些新闻信息表层下的文化思想内涵，显示了"五四"时期新文化阵营的战斗锋芒。在“三·一八”学生运动中，鲁迅发表的一系列杂文，常常揭出事实真相，毫不留情地把批评的锋芒指向北洋政府。三大副刊都比较重视杂文，以《晨报副刊》为例，仅在1921年12个月里，就发表杂文随笔180多篇，作者达20多人。在杂文随笔栏目里，除了鲁迅、周作人、松年、陈大悲、孙伏园外，更多的是一般作者。他们通过杂文这种形式，自由深入到当时政治、文化、经济等生活的各个领域，迅速反映瞬息万变的社会问题，及时做出文化的、社会的和政治的批判。松年发表的《星期日该怎样过》、《人生的价值》、《留神我们的孩子》、《游戏的价值》等系列随笔，则把改变个人家庭的传统生活方式与时代的变革联系起来。在话语处理方面，作者以幽默朴素的语言启迪大众，巧妙地把国民的灵魂改造、思想文化的革命等重大的学理性的问题生活化，力求切近一般读者的兴趣，帮助读者做出审美的评价与价值判断。“游记”也是当时副刊上常见的栏目，就内容来看，这些游记作品带有很强的新闻性，是文学和新闻的有机结合物。《晨报副刊》上的这类作品较多，也比较有代表性，如汤化龙的《游美日记》、傅孟真的《留英纪行》、彦之的《济南两周见闻记》等，记录当时的国外风情、中国教育改革、中国农村生活变迁等方面的生活变化，作者的叙述一般是“现代式（正在进行式）”，与生活保持着较近的时间距离。

“五四”副刊上小品文的繁荣得益于那些编辑的有意培植，但就文体特征而言，副刊有限的版面要求“短”（文章内容精炼）、“活”（表现方式不拘一格）、“快”（反映生活迅速敏捷)，这些特点，都决定了报刊上的小品文的“软性”特征：反映的社会内容无所不包，思想常常蕴涵于趣味中，宇宙之大，苍蝇之微，无所不谈，文笔轻巧。副刊编辑这样的文体选择,并把这些品种作为现代报纸副刊的主打产品,不仅摆正了启蒙主潮文化与大众通俗文化之间的关系,而且以副刊为文化传播媒介,也形成了编辑、作者与读者三者之间良好的互动关系,在一定程度上,搅活了“五四”思想文化界的一池春水。

注释：

[1] 包括李大钊主编的《晨报》第七版《自由论坛》，创刊时间为1919年2月7日，改为《晨报副镌》后由孙伏园主编。

[2] 张涛甫：《晨报副刊与中国现代文学》（尚未公开出版），第1页。

[3] 钱晓文：《试析晨报的编辑方针》，《新闻大学》，1999年冬季号。

[4] 梁启超：《致亮侪我兄书》，1916年1月29日。

[5]《本栏之提倡》，《时事新报·学灯》，1918年9月30日。

[6]《觉悟的宣言》《民国日报·觉悟》，1919年12月25日。

[7] 胡适：《陈独秀与文学革命》，1931年10月30日在北京大学演讲，载《陈独秀评论》，北京：东亚书局，1933年。

[8] 胡适：《新思潮的意义》，《胡适文集》，北京：燕山出版社，1995年版，第46页 。

[9]《本报五千号纪念辞》，时事新报同人，《时事新报》1921年12月10日。

[10] 记者（孙伏园），《晨报副刊》，1922年11月11日。

［11］姚福申：《副刊在现代报纸中的地位》，《学海泛舟三十年》，香港：香港语丝出版社，2001年版，第301页。

［12］记者（孙伏园）：《晨报副刊》，1922年11月11日。

早期报刊文艺编辑和副刊编辑评传

马礼逊：揭开中国近代报刊发展之幕

马礼逊（Robert Morrison），英国伦敦布道会基督教传教士。1815年8月5日，在马六甲华人聚集区创办世界第一份中文近代报刊——《察世俗每月统记传》。这份报刊以传教为主，面向普通华人读者，以生动形象、通俗易懂的文字，传播基督教教义，同时，刊载西方科学文化发展的最新成果。

1807年9月4日，马礼逊自英国启程来到中国。当时，中国清政府严禁外国传教士的传教活动。马礼逊作为第一个来华的基督教传教士，不得不谨慎从事，他首先在澳门登陆。当时葡萄牙人盘踞在澳门，信奉天主教的葡萄牙人对马礼逊非常不满，当地葡萄牙政府勒令他迅速离境。马礼逊几天后不得不去了广州。在广州，马礼逊虽然没有进入中国的合法身份，但他受到美国商人的照顾，并扮成美国商人在商馆里居住。第二年，因为中英之间的贸易纠纷，他又与英国商人一道移居澳门。1809年，他和东印度公司一位高级职员的女儿结婚，不久被聘为东印度公司的翻译，取得了在澳门活动的合法身份。在澳门，马礼逊不忘伦敦交给他的传教使命。为了开展传教事业，他刻苦学习中文，以了解中国文化，尽快翻译圣经。他先后请过几个有学问的中国人做家庭教师，讲述中文，传授中国文化。马礼逊广泛搜罗中国书籍，不断研读，进步很快，不久开始着手编纂《华英字典》，尝试翻译《圣经》。1813 年，他翻译完成《新约》并出版。

马礼逊对中国国情非常了解，他深知，仅靠自己单枪匹马去行动，不可能顺利开展传播基督教的事业，必须依靠中国人的帮助。为宣传教义，马礼逊经常印刷一些小册子并到处散发。在联系出版业务中，他认识了一批刻字工人，其中，广东人蔡高、梁发对马礼逊帮助最大。蔡高接受洗礼，成为第一位中国基督教徒，梁发成为中国第一个基督教传教士。

马礼逊经过反复考虑，认为把基督教的印刷基地建在广州是一件不可想象的事情。根据当时的形势，他必须面向现实，最终把南洋的马六甲作为出版基地。这里一是可以避免清政府干涉，二是华人集中，便于传教。1815 年 8 月 5 日，《察世俗每月统记传》正式出版。这份杂志是月刊，初期发行 500 册，后来增加到 2000 册。先后出版 7 卷，历时 7 年，1822 年停刊。

《察世俗每月统记传》正式出版，为中国近代新闻发展史揭开了新的一页。值得注意的是，马礼逊注意研究读者的阅读心理，他注意采用文学表现手法，或用对话的形式，或吸收中国古典小说的叙事方式，或用讲故事的口吻，或刊登一些诗词，通过这些方式传播基督教教义，文字的趣味性大大增强。为了让更多的中国人认同基督教文化，他常常用中国传统儒学附会基督教教义。

这份杂志从编辑思想、读者对象等方面看，其编辑形态都和中国封建官报有本质的区别。科学知识和最新科学成果是传播的主要内容之一，从第六卷起，增加了《全地各国纪略》，介绍欧美和非洲一些国家的风土人情。这些内容，对于中国人了解世界具有一定的启蒙作用。

米怜：让读者看“彩色的云”

米怜（William Milne，1785—1822），英国伦敦布道会基督教（新教）传教士。他于1813年7月来华，协助马礼逊开展传教工作。他最大的贡献是在《察世俗每月统记传》的编辑方面。无论是在这份刊物的选题策划方面，还是在这份刊物的文字编辑方面，他都倾尽了自己的心血。

米怜幼时丧父，家境贫寒，无力上学。为了维持日常生活，他曾当过牧童，在应受教育的阶段却没有受到规范的学校教育，他最早的启蒙教育可能来自他的母亲。少年时代开始，他信奉基督教，后来加入伦敦布道会。从此，他立志到中国，把自己的一生贡献于传教事业。就米怜的教育背景而言，到中国这种文化传统深厚的地区传教，几乎是一件不可想象的事情。只有像马礼逊那样的传教士，受过专业教育，学识渊博，也通晓医学、天文学等自然科学知识，才能在跨文化的环境里开展传教工作。为实现到中国传教的梦想，米怜刻苦学习，终于争得了伦敦布道会的同意。1813年7月4日，他与新婚妻子一起踏上了中国的土地。

米怜来华以后，首先碰到的是语言障碍，但要完成伦敦布道会赋予他的使命，就必须尽快过语言关。他认为，中国语言极其难学，要掌握这门知识，只有经过刻苦勤奋、专心致志和顽强不懈的努力才能达到目的。在马礼逊等人的帮助下，仅仅用半年多时间，他就能看懂一些中文书籍，并开始与中国人进行语言交流。以后，随着与华人的交流不断增多，米怜的中文水平迅速提高，除了能讲流行的官话，还可以讲广东方言。

在传教事业方面，米怜不愧是马礼逊的出色助手，很快帮助马礼逊打开传教工作局面。首先，他建议马礼逊在南洋华人聚集区建立传教出版基地，并开始在南洋群岛进行一些传教活动。1814 年，米怜把中译本《新约》带到爪哇岛进行宣传，通过与当地华人的友好接触，更坚定了他在华人聚集区传教的决心。

1815 年 4 月，米怜与马礼逊一起，偕梁发等中国刻字工人到达马六甲，在这里，他们开办免费学校，建立印刷所，出版报刊。

在马六甲期间，米怜特别重视出版《察世俗每月统记传》，精心策划和编辑这份报刊，并形成自己的编辑理念。这份刊物虽然宣称以阐发基督教为根本宗旨，实际上还发表文学、自然科学等方面的知识。米怜追求刊物的可读性，他根据“人最爱彩色云”的心理，主张报刊文字应有文学色彩，能够感染读者。作为第一个中文近代报刊的编辑，要把陌生的基督教教义灌输到中国人的头脑中是十分困难的，因此，他在文字编辑时，不作空洞的说教，而是想办法引发读者的阅读兴趣。他认为，办刊文字要有文采，有感染力，这样可以使读者在轻松愉悦的阅读过程中，不知不觉地接受基督教教义，达到理想的传播效果。米怜的编辑方式十分灵活，他使用中国章回的形式进行长篇连载，讲完故事，不忘说一句“且听下回分解”。使用短小精悍的小品文形式，如对话《张远两友相论》一文，针对人的信仰问题，通过两个朋友的对话和辩论，使那些枯燥的教义富有生活气息。米怜在编辑《察世俗每月统记传》时，还注意刊载一些笔记小说、诗词，使这份报刊的内容与形式新鲜活泼。同时，他考虑到读者多是一般文化水平的劳动者，他编写的文章朴实简短，通俗易懂，适合中国人的阅读方式和阅读心理。广州的《中国丛报》称他“是一位善于观察人的能手，能够机敏地抓住各种机会，研究中国人的性格”。

1820 年，考虑到米怜在传教方面的贡献，英国一所大学授予他神学博士学位。但不久，厄运接踵而来，米怜的妻子和孩子相继病故，遭此打击，加之长期紧张的工作，米怜身患肺病。1822 年，《察世俗每月统记传》的编辑工作停了下来。这年 6 月，米怜病逝。

在中国新闻史上，米怜作为近代第一份中文报刊的编辑，他在编辑思想、编辑艺术上的探索具有划时代的意义。

郭士立：探寻报刊文字的感染力

郭士立（Karl Friedrich Auqust Gutzlaff，1803—1851），原籍普鲁士，是继马礼逊、米怜等人之后来华的传教士。1833 年 8 月，他在广州创办了以传教内容为主的中文月刊——

《东西洋考每月统记传》，这份报刊是外国人在中国境内创办的第一份中文近代报刊。

郭士立少年时代就渴望到外国传教，青年时期入神学院学习。1827 年，受荷兰布道会的派遣到东南亚传教。为了顺利开展传教工作，他开始学习中国南方的方言。在传教活动中，他与福建一郭姓人家建立了密切的关系，为他以后进入中国传教提供了方便。他刻苦学习中文，学会了说广东话和福建方言。为了获得中国人的信任，他把“爱汉者”（即爱中国人的人)、“深德者”（勤于道德的人）作为自己的笔名。

两年后，郭士立脱离了荷兰布道会。1831 年，他从东南亚来到中国。之后，他与来华的外国商人、外交官、传教士建立了广泛的联系，曾参加他们的各种活动。与别的传教士相比，郭士立具有很强的政治意识和政治兴趣，多次在中国沿海刺探军事、政治情报，甚至参与罪恶的鸦片走私活动。鸦片战争中，郭士立曾任英国军队的参谋和翻译。

与其说郭士立是一个基督教传教士，不如说他是一个怀有政治野心的侵略者。他认为，只有消除中国人隔离于外部世界的障碍，英国人才将从此享有自由进入其港口的权力。1832 年 9 月，他在《中国丛报》上刊载了《郭士立航行日记》，他声称：“我诚恳地期待，应该采取某些更为有效的措施，来打开和中国自由交往的通路。我如能竭尽微力，为推进这一事业做些有益的工作，将感到莫大的荣幸。”郭士立提出的“更为有效的措施”是什么？无疑就是创办报刊，通过文化传播，达到“消除中国人隔离于外部世界的障碍”，使外国人在华取得利益。正是这种动机，促成了他创办《东西洋考每月统记传》这份中文月刊。

当时，在华的外国商人、传教士，希望打破清朝的闭关政策，但中国的政治壁垒和中国人对他们持敌视态度，以及传统的“妄自尊大”观念无形中限制了他们的自由。如何改变这种局面？郭士立人认为，有效的方式是创办中文报刊，改变中国人的观念。他在1833年8月《中国丛报》里说：“尽管我们与他们有过长期的交往，可他们还自称是世界上第一民族，而把其他民族看成‘蛮夷’。这种盲目自负，严重影响了住在广州的外国居民的利益和与中国人的交往。这个月刊正是为维护广州和澳门的外国公众的利益而开办的。它的出版意图，就是要使中国人认识我们的工艺、科学和道义，从而清楚他们那种高傲的排外观念。刊物不必谈论政治，不用任何粗鲁的语言去激怒他们。这里有一个巧妙地表明我们并不是‘蛮夷’的途径，这就是编辑采用摆事实讲道理的方式，让中国人确信，他们需要向我们学习的东西还很多。”这段话是对《东西洋考每月统记传》编辑思想、编辑动机和文化传播策略的具体阐释。

与《察世俗每月统记传》相比，《东西洋考每月统记传》的传播内容比较广泛，编辑注意刊登科学知识、宗教、道德等，设有言论、新闻专栏。《东西洋考每月统纪传》大致包括宗教、伦理道德、科学知识三部分。

在马礼逊和米怜主编的《察世俗每月统记传》中，宗教内容毕竟占主要部分。郭士立编辑的《东西洋考每月统记传》

中，宗教内容比重大大下降，增加了言论和时事内容。从《察世俗每月统记传》刊登的第一条新闻开始到《东西洋考每月统记传》的新闻专栏，体现了报刊业务近代化的发展趋势。与《察世俗每月统记传》相比较，《东西洋考每月统记传》的新闻文体得到了初步的发展。《东西洋考每月统记传》有了固定的言论栏目。此时的言论栏目，不再单纯阐发基督教教义，而是注意关注并回答现实中出现的问题。《东西洋考每月统记传》还登载过中文近代报刊史上第一篇新闻论文——《新闻纸略论》。这是一篇专门论述西方报纸历史、现状和作用的文章，是中国人开始注意到近代报刊的社会作用。值得注意的是，《东西洋考每月统记传》后期加强了文学方面的内容，经常刊登欧洲文学作品和中国诗词，同时，注意采取文学的形式，宣传西方文化。如刊载的《兰敦十咏》，其中的一首诗，假借一位旅居英国多年的中国人的口气，描绘了当时西方社会的物质文明和精神文明的发展概况——

海遥西北极，有国号英伦。
地冷宜亲火，楼高可摘星。
山泽钟灵秀，层峦展画眉。
赋人尊女贵，在地应坤滋。
少女红花脸，佳人白玉肌。
……
两岸分南北，三桥隔水通。
舟船过胯下，人马步云中。

富庶烟花地，人工斗物华。

帝城双凤阙，云树万人家。

公子驰车马，佳人弋缎纱。

六街花柳地，何处种桑麻？

从这段文字看，编辑的意图很明确——显示西方文化的优越性，消除中国歧视西方文化的心理。从编辑业务方面看，编辑注意报刊文字的审美功能，把文艺性文字引入近代报刊，这是一个很大的发展，对以后中国人办报办刊，应该说是有一定借鉴作用的。

1835 年 2 月，郭士立把这份刊物交给在华外国组织的“在华使用知识传播会”续办，由于需要，该刊把出版机构迁至新加坡，1837 年在新加坡复刊。目前见到的最后一期出版时间是 1838 年 4 月。

蔡尔康：描绘文艺副刊的雏形

蔡尔康，1858 年生于上海，去世年代待考。别号缕馨仙史，是近代著名报人和报刊活动家。蔡尔康是中国近代著名报人。从现有的资料来看，19 世纪末，他编过多种报刊，如《申报》、《字林沪报》、《新闻报》、《万国公报》等，曾经参与英国的《环瀛画报》的编辑工作。当时，这张画报在英国出版，由英国画家绘画，蔡尔康配上中文说明。在英国印刷，之后邮寄到申报馆销售。

少年时代，蔡尔康受到传统文化的教育。他的父亲一生按照传统文人的道路，希望通过科举走入仕途，但最终梦幻破灭。其父只好把希望寄托在蔡尔康身上，较早对他进行文化教育。蔡尔康3岁识字，10岁读经，11岁考中秀才。但以后科场失意，一次次无情的打击，促使他寻找新的出路，实现自己的价值。

19世纪末的上海，新闻出版事业领先全国，许多科场失意者再次找到新的生活出路，蔡尔康也决定投身报界，1876年，进入申报馆。当时，蒋芷湘正在担任《申报》报馆总主笔，主持《申报》的编辑业务。在申报馆，蔡尔康曾主编该馆出版的我国最早的白话通俗报纸——《民报》。1877年，又参加由《申报》在上海发行的《寰瀛画报》的中文编撰工作。两年后，因为业务上的矛盾与洋人老板发生摩擦，他不得不退出申报馆。

1883年，蔡尔康进入英国字林洋行主办的《字林沪报》任主笔，从此在《字林沪报》主持笔政达8年之久。在申报馆，练就了一身编辑本领的蔡尔康，发誓把《字林沪报》办成一张有竞争力的报纸，无形中他把曾经供职的《申报》作为竞争目标。

作为全国大都市的上海，需要相应的文化娱乐生活。新闻纸应刊登些什么内容？除了满足人民的新闻欲外，还要提供精神文化食粮。蔡尔康是个富有创意的编辑家，他千方百计抓新闻，除了注意与《申报》竞争抓独家新闻外，他的另一招就是增加报纸的文艺内容。当时上海有许多文人，他们有发表欲，又希望阅读诗词。蔡尔康注意发掘、利用这些文化资源，编辑附张《花团锦簇楼诗辑》。培育一个以传统诗词为主的报纸的版面，无论是组稿还是吸引读者都不是一件太难的事。久而久之，这种附张就成为后来文艺副刊的雏形。市民需要读故事，他又将小说《野叟曝言》排成书版形式，每日随报附送，一个故事又一个故事，吊着读者的胃口，使读者欲罢不能。这样，不仅扩大了报纸的发行量，而且也增加了报纸的影响力。《野叟曝言》排成书版形式，每日随报附送，开启了我国报纸连载长篇小说之先河。从中国报纸编辑业务史的发展角度看，蔡尔康应是我国文艺副刊的奠基人和报纸小说连载的首创者。

1891 年，蔡尔康辞去《字林沪报》主笔职务，不久结识著名传教士李提摩太。1893 年，蔡尔康参与创办上海《新闻报》，并任这家报纸的主编。他主编的《新闻报》以言论取胜，每期刊载言论。这些言论文章往往以当时的新闻和公众关心的问题为由头，深入浅出地分析问题，启发读者的思想。蔡尔康先后执笔写作百余篇言论，在当时影响很大。但半年后，蔡尔康终因与董事会发生矛盾而退出了报馆。随后，蔡尔康进入《万国公报》，这家报纸的创办者是美国传教士林乐知。据资料分析，蔡尔康加盟《万国公报》很可能与三个人密切相关：一是广学会总干事李提摩太，二是《万国公报》负责人林乐知，三是《万国公报》华文总主笔沈毓桂。《万国公报》在近代中国历史上影响很大，特别是在维新思潮前后，为乡绅士大夫和官僚所瞩目。在这家报刊，蔡尔康的编辑才华得以施展。1894 年，蔡尔康接替沈毓桂担任《万国公报》华文主笔。

1903年,《南洋官报》创刊，蔡尔康曾被聘为“采访委员”，不久从新闻界悄然隐退。

蔡尔康在新闻界生活30年，充分显示了一个报人的创新能力。在编辑业务上，对我国报纸编辑业务的改进贡献很大，他注意研究读者的文化心理，在报业激烈的竞争中不断推出新的编辑方式，满足读者的文化需求。如他在申报馆编辑增刊《民报》时，比较注意报纸的大众化，用白话写新闻，力求贩夫走卒都能够看懂报章文字。当时，尚未有新式标点，他别出心裁，在每句末尾空出一格。文中凡涉及人名、地名，他都用直线或虚线标明。在中国新闻史上,《民报》可能是最早使用标点符号的报纸。

在1899年2月15日第121期《万国公报》上，刊发了李提摩太和蔡尔康翻译的《大同学》（节译自英国人颉德著作《社会进化论》)。蔡尔康将Karl Marx译为“马克思”。这篇文章介绍了马克思的生平和观点，指出马克思是“百工领袖”，马克思的学说是“用以安民而救世”的理论。Karl Marx曾先后被译成加陆·马陆科斯、马克司、麦喀士、埋蛤斯、麦喀塞等。蔡尔康的翻译“马克思”却一直沿用至今，这从一个侧面反映出著名报人对中国文化思想的影响。

高太痴：完整副刊编辑形态创造第一人

高太痴（1863－1920)，原籍苏州，曾经考取秀才，后因科举失意到上海寻求出路，进入报界，成为我国近代早期报人。作为一个报刊编辑家，他最大的贡献是开创了完整报纸副刊编辑形态。

据复旦大学新闻学院的姚福申教授考证，1896 年，高太痴大概在《字林沪报》期间，曾将读者寄来的诗作辑录成《漱芳斋诗选》。作为一个旧文人，高太痴喜作诗填词。这样，他曾一度主持《字林沪报》文艺性附张《漱芳诗选》的编选工作。光绪二十三年（1897 年），他策划创办《字林沪报》的附张——《消闲报》，这是我国最早的文艺性副刊。高太痴因创办文艺性副刊《消闲报》，在上海一炮打响，之后，很多报纸争相仿效，这种编辑方式是中国报纸编辑业务的一次大变革。

1897 年 11 月 24 日，《消闲报》随着主报的发行送到订户手中。在《消闲报》第二号上，发表了《释消闲报名之义》一文，编辑在这篇文章中称《消闲报》编辑追求的编辑效果是："一篇入目，笑口常开，虽非调摄精力之方，要亦可为遣闷排愁之助也。或者高人韵事，酒阑灯熠，苦茗既熟，有约不来，走马王孙，疲游既返，深闺才友，刺绣余闲，既无抵掌之良友，复乏知心之青衣，得此一纸，打破岑寂，或可暂作良友青衣观乎？"

这段文字很可能出自《消闲报》主编高太痴之手，可以作为《消闲报》的编辑方针，反映出编辑借文艺性文字抚慰都市读者心理的文化追求。通过这段文字，还可以发现编辑的文化期待——读者把阅读文艺性文字作为一种高雅的生活方式。在近代中国社会转型期间，都市大众面临着巨大的生活与心理压力，快速的社会变化，使大都市生活节奏加快。以消闲解闷为目的，或许正是读者读报的最基本的心理动机，很显然，作为主编的高太痴是为都市大众的文化需求着想的。

观察前20多期的《消闲报》，可以发现内容比较丰富。编辑不仅让读者在阅读时“笑口常开”，还希望读者有爱有憎。《消闲报》还刊载一些较有现实性的文字，讥讽时弊，不少文章言词诙谐，思想敏锐，表现出对丑恶社会现象和腐败政治的深恶痛绝。在组稿方面，高太痴善于策划，善于拉作者。他依托《消闲报》，采用办诗社、征对联等方式组织稿件，围绕《消闲报》版面组织作者队伍，开拓稿件来源。该报第一期刊登《拟联求教》启事，第二期刊登《诗钟社》启事，资料显示，仅半个月就收到对联1000多条。高太痴特别注意报刊连载小说，所选择的作品非常贴近市民读者的审美心理。《消闲报》第75号开始连载小说《天仙茶园记》。

从报纸业务创新的角度看，《消闲报》作为报纸副刊的产生，建构了一种近代报纸文化传播方式，大大强化了报纸的文化传播功能。就编辑业务发展看，在此之前，新闻、言论等内容与文艺内容混合编辑，各自难以突出特色。完整编辑形态的副刊正式出现，推进了中国报纸的编排手段的创新——新闻、评论、副刊和广告四大类内容分类编辑，各自突出特色，形成新的报纸业务模式，这对中国新闻业务的发展产生了很大影响。从报刊文化传承和媒介生存环境分析，报纸副刊的产生是前人不断探索的结果，是中国近代报业竞争与发展的结果。但是，高太痴个人是集大成者，在编辑方式的创新方面取得的成就和产生的影响是不容忽视的。

李伯元：中国文艺性小报的鼻祖

李伯元（1867—1907），名宝嘉，字伯元，别号南亭亭长，江苏武进（今江苏常州）人。晚清著名小说家，文艺期刊编辑家和文艺小报编辑家，上海文艺性小报的开拓者。

李伯元生于一个官宦之家，他祖父、父亲、伯父都是科第出身，在地方身居要职。李伯元出生在山东，幼时父亲去世，由堂伯李念之抚养。堂伯先后任山东兖州同知、东昌府知府，李伯元随伯父在山东长大。李念之对他督教甚严，而母亲只此一个儿子，就把全副心力放在儿子的教育上。李伯元自幼聪慧好学，成年后擅长诗赋、绘画、篆刻，懂得金石考据，多才多艺，少年时期就考取了秀才。但后来科场失意，始终未能考中举人。1892 年，堂伯从山东辞官回到老家，李伯元一家也一同返回故乡。此时，老家的祖宅已在战乱中毁坏，两年后，伯父去世，家道从此中落。

1896 年，李伯元离开家乡来到上海自谋生路。他最初的兴趣是在新闻界。他认为报纸是人民的喉舌，一个文人若能在报界工作，不仅生活有了职业依托，也可以依托报纸为社会做一些有益的事情，所以一到上海就到英国租界大马路东面的《指南报》做编辑工作。第二年 6 月，他又开始筹划办《游戏报》。晚清时代的中国政治腐朽、黑暗，富有正义感的李伯元不胜忧愤，他思图改革，经常借诗抒发抱负。

《游戏报》是一份文艺性小报，以一般市民读者为阅读对象，名虽为“游戏报”，主编者的本意是在启蒙大众。1897年8月25日，在《游戏报》第63号上，他发表《论“游戏报”之本意》一文，宣称：“岂真好为游戏哉？盖有不得已之深意存焉者也……故不得不假游戏之说，以隐寓劝惩，也觉世之一道也。海上为通商巨埠，骄奢繁盛，甲于五洲，势利之区……天生众人，懵懵懂懂，在睡梦中，而无有人从旁为之大声疾呼……主人言论至此，窃窃以为隐忧，始有《游戏报》之举。”（省略号皆为原文所加）从此可以发现，李伯元编辑这份小报的最初动机是宣传启蒙思想。就这份小报的内容来看，多以新闻的视角、文学的笔法，记录当时中国政治的黑暗与腐败，其中不少材料来源于现实生活。虽然《游戏报》所选的政治题材多富有喜剧色彩，叙述官场上的笑料，其本质是悲剧内核。就《游戏报》的编辑形态来看，其中的文章较短，语言朴实，文体灵活。言论、传记、对白、诗词、演义、唱本、戏文等等无所不包，所刊载的文章寓惩于乐，寓教于乐。对于清朝末年的官场及社会上的种种腐朽现象，以嬉笑怒骂之笔，绘影绘声，揭露无遗。

贴近时代、贴近读者创办专业文艺小报是李伯元的创新。他在编辑方面的突出贡献，不仅满足了市民大众的阅读兴趣，也探索了报纸文艺编辑方式，被后人称之为“中国文艺小报的鼻祖”。他的编辑方式，特别是对报纸文体的选择，对以后都市娱乐性报纸的发展，以及报纸副刊编辑方式都产生了较大的影响。

吴趼人：嬉笑怒骂办“小报”

吴趼人，广东南海人。名沃尧，字小允，又字茧人，后改趼人，别署我佛山人。近代著名讽刺小说家，晚清上海文艺性小报的开创者之一。

吴趼人少年丧父，家境窘困。1883 年，吴趼人来到上海，曾经做过茶楼服务生，后又至江南制造局做抄写工作。1902 年，他开始尝试创作小说。《二十年目睹之怪现状》最初发表于《新小说》（1902 年）杂志。1897 年，吴趼人涉足报界，开始在上海创办文艺性小报。根据当时的资料看，他进过《字林沪报》，并与高太痴一起编辑《消闲报》，之后，他又创办《采风报》、《奇新报》、《寓言报》等文艺性小报。吴趼人在中年写《吴趼人哭》一文，对自己的办报活动有所评述：“上海有所谓小报者，如《游戏报》、《采风报》、《繁华报》、《消闲报》、《笑林报》、《奇新报》、《寓言报》等是也。吴趼人初襄《消闲报》，继办《采风报》，又办《奇新报》，辛丑九月又办《寓言报》。至壬寅二月辞寓言主人而归。闭门谢客，瞑然僵卧。回想五六年中，主持各小报笔政，实为我进步之大阻力。”

1906 年，吴趼人主持《月月小说》的编辑工作，并开始大量创作小说。他先后创作了《痛史》、《恨悔》作品，在晚清小说家中，吴趼人是创作数量最多的作家之一。在短短 7 年中，他为什么能够接连写出 10 多部作品？可以说他的创作数量与一个报人的职业敏感有着密切关系。报人关注新闻，关注社会新问题，这样的眼光自然影响到他的创作取材，同时也影响到作品的结构。在著名报人包天笑晚年写的《钏影楼回忆录》一书里，有一段记录他向吴趼人请教如何写小说的文字：

> 我问他：《二十年目睹之怪现状》中，先生何从得这么多材料？所谓目睹者，难道都是亲眼看到的吗？吴先生笑着，给我瞧一本手抄的册子，很像日记一般，里面抄写的，都是每次听到朋友们所谈的怪怪奇奇的故事。也有从笔记上抄下来的，也有从报纸上剪下来的，杂乱无章地成了一巨册。他笑着："所谓目睹者，都是从这里来的呀。"我说，这些材料将如何整理法呢？吴先生道："就是在这一点上，要用一个贯穿之法，大概写社会小说的，都是如此吧。"

吴趼人的作品凭借一个报人广阔的生活视野，记录了中国近代社会转型期形形色色的世相，称得上是中国近代社会变迁的一面镜子。作者对黑暗政治的揭露，可谓鞭辟入里，反映出那一时代的社会的本质。在晚清作家中，吴趼人是最具有忧患意识的文人之一。他一生清贫，由于长期忘我工作，身染重病，1910 年在上海去世。

王韬：以报纸为讲坛的政论家

王韬（1828—1897），原名王瀚，江苏长洲人（今苏州吴县市)。我国近代第一个报刊政论家和维新思想家。

王韬少年时代醉心于科举，18 岁中秀才，以后屡试不中。1849 年，王韬来到上海，在英国传教士麦都思创办的墨海书馆当编辑，从事编译西学书籍工作 13 年。在此期间，经历了第二次鸦片战争和太平天国运动，他深感民族危机不断加重，大量阅读了西方科学文化书籍，眼界渐渐开阔，掌握了一些西学知识，开始思考寻求新思想，寻求社会变革的出路。

1862 年，王韬回乡探亲期间，化名黄畹，上书太平军驻苏州的行政长官，后被清廷发现，下令通缉。在麦都思帮助下，王韬逃亡香港，从此度过了 20 多年的流亡生活。在香港期间，王韬协助英华书院院长理雅谷翻译“四书五经”向西方介绍中国传统文化，促进了中国文化在西方的传播。1867 年，他应理雅谷的邀请访问英国两年。王韬一路西行，考察了许多西方国家。这次对欧洲的实地考察，使他非常振奋。在开罗，王韬乘火车，感受到近代工业给社会带来的变化；在巴黎，他参观卢浮宫，感受到近代西方艺术的魅力；在伦敦，他参观电报局、英国议院、大英博物馆。王韬对英国“君民共主”的政体很感兴趣，在伦敦曾专门去英国议院参观，多次旁听英国下议院开会，深切体会到封建专制社会与资本主义文明在经济政治等方面的差别。王韬作为一个翻译家，受到英国各界的欢迎，他曾在牛津大学发表演讲，发现英国人渴望了解中国文化，同时，更感到中国对西方所知甚少。王韬在外国两年，思想发生了剧烈的变化。他认为，改革中国社会当务之急是使国人了解西方，而最直接的方式——创办一张像英国

《泰晤士报》那样的报纸。

王韬回到香港后，与友人一起购买了原英华书院的印刷机械，开始筹建《循环日报》。1874 年 2 月，《循环日报》在香港出版，王韬自任主笔，这是我国第一家以政论为主的报纸。从此，一连多年，王韬以《循环日报》为讲坛，发表文章，提倡维新变法，提倡学习西方，成为近代变法图强思想的倡导者。

《循环日报》每期发表一篇政论文章，这些文章一般出自王韬之手。其中，《倡设日报小引》、《本局日报通告》，阐述了他的办报思想，强调报纸的“通上下”和“博采舆评”的社会功能。许多政论文章，围绕变法图强，提出了“治中”、“驭外”两大思想。“治中”，就是治理中国内政，改革封建专制政体，仿效英国实行君主立宪。认为洋务派的“船坚炮利、工商富足是立国之基”的认识浮浅，为适应在政治上建立资本主义国体的需要，王韬还提出了裁冗员、清仕途、简繁文、改取士制度等一系列主张，他的这些思想，在当时是具有一些启蒙意义的。

王韬以报纸为媒介，积极传播西方文化，呼唤改革开放，鼓吹变法图强，其思想对洋务运动、维新变法都产生重大影响。王韬还是一个勤奋的学者，他一生在哲学、新闻、史学、文学等领域颇有建树，著述多种，其中的《弢园文录外编》是中国第一本报刊政论文集。

包天笑、毕倚虹：以报刊为阵地的通俗文学大师

包天笑（1878—1973），江苏苏州人。近代著名报刊编辑家，通俗小说作家。原名清柱，后改名公毅，字朗孙。曾使用的笔名有：天笑、春云、微妙、迦叶、拈花、秋星阁主、钏影楼主等。

包天笑少年热心科举之路，19 岁中秀才。由于受清末维新思潮的影响，加之家庭生活困难，他中断了科举之路，从此热心于社会改革。1900 年 10 月，他在苏州与同道一起创办《苏州白话报》，10 天出一期，包天笑在报纸上发表翻译作品《论女学》、《对清策》等文章，宣传维新思想。从此，怀抱着社会变革的热情，包天笑开始走入新闻界。

1906 年，包天笑进入上海《时报》，担任这家报纸的新闻编辑。《时报》创刊之初，就注意刊登文艺文章，在报纸上设立了《小说》、《词林》、《新书介绍》、《口碑丛述》等栏目，这些文字没有新闻性，编辑却把它们与新闻言论等文字混合在一起进行编排。这种编辑方式缺点很多，比较明显的是不利于吸引读者，也无法吸引作者来稿。包天笑别出心裁，对这种编辑方式进行大胆改革。他把这些文艺性文字集中编辑在一起，开辟专门的栏目——《余兴》，这是一个文艺副刊栏目，刊登短篇小说、游戏文章、图片、山歌戏剧等等。这个栏目语言朴实，内容富有生活气息，很受读者欢迎。包天笑主编《时报》的《余兴》副刊栏目期间，特别注意发现新作者，他专门为

一般作者开辟《青年习作栏》。《余兴》上刊登的图片丰富多彩，有讽刺漫画、中外名人画像、世界各国风景等。

包天笑除了编辑《时报》新闻、编辑该报的《余兴》副刊，还先后编辑过《小说大观》、《小说画报》、《小说时报》、《妇女时报》等文艺期刊。同时，还进行文学创作，先后创作出《馨儿就学记》、《上海春秋》等通俗社会小说，在当时产生很大的影响，后代文学史家把他称为“鸳鸯蝴蝶派”领军人物，也被誉为现代通俗文学的“无冕之王”。

包天笑是一位有正义感和爱国心的编辑和作家。1936 年，他与郭沫若、沈雁冰、鲁迅等人共同署名发表《文艺界同仁为团结御侮与言论自由宣言》。抗日战争爆发，他忧国忧民，出于民族义愤，为郭沫若主编的《救亡日报》撰写文章，发表了许多抗日救亡的政论和杂文。抗日战争胜利后，包天笑在香港定居，晚年撰写回忆录《钏影楼回忆录》，为研究中国近代文学史和新闻史留下了不少珍贵资料。

毕倚虹（1892—1926），江苏仪征人。少年时，因父亲在浙江做官，便随居杭州。16 岁在京师做兵部郎中。1911 年，他正准备作为清政府的外交官出使新加坡，不久辛亥革命爆发，从此，他离开仕途，进中国公学法政科学习。民国初年，包天笑曾创办了一种《妇女时报》杂志，这份杂志多发表妇女作者的作品。包天笑在来稿中收到署名“杨芬若女士”的诗稿，诗写得意境优美，包天笑很感兴趣。作品发表以后，引起一些多情的来信，要见一见这位女才子。后来，包天笑发现来取稿费的是一位男士，二人一番长谈，包天笑才知道原来那位“女诗人”就是眼前的毕倚虹。包天笑后来才知道杨芬若实有其人，就是毕倚虹的妻子。芬若出身名门，能诗能文。随着包天笑和毕倚虹的交往，友谊不断加深。

民国初年，记者的社会地位日益受人尊重，毕倚虹非常想当一名记者，包天笑就推荐他进入《时报》当编辑，从此他进入新闻界。1916年，《时报》副刊改称为《小时报》，毕倚虹编辑《小时报》副刊。他主编副刊的方式十分独特——把《小时报》办成报中报，麻雀虽小，五脏俱全。内容有小言论、小专电、小新闻、小小说、小笑话、小调查、小影评、小戏评等等，信息量较大，读者十分喜欢看。《小时报》副刊上的言论多为毕倚虹所写，署笔名“清波”等，多以新闻为由头，纵论天下时事，或讽刺现实，文笔轻松幽默。《小时报》副刊上的新闻注重趣味性，偶尔配上一些讽刺漫画，版面显得十分活泼。主编《小时报》期间，毕倚虹还先后创作《时年回首》、《人间地狱》等小说。其中，《人间地狱》在当时影响很大：小说共八十回，以纪实的笔触，描绘近现代社会转型期间都市生活景观。作者以海上倡家为背景，以三五名士为线索，把当时黑暗官场、残暴军阀、贪婪商人等众多的人物贯穿起来，透过繁华的都市生活，揭露天堂下的人间地狱。

毕倚虹还是一位出色的文艺期刊编辑家。值得一提的是，1925年，他策划的《上海画报》（三日刊）曾引起上海出版界的瞩目。《上海画报》关注现实，创刊号上，以图文并茂的方式，及时报道了震惊中外的“五卅惨案”真相。创办《上海画报》，本意为娱乐读者，但在民族大义关头，传达一腔爱国热情，表现出一个新闻工作者应有的民族气节和强烈的社会正义感。《上海画报》创办之后，上海竟出现30多家画刊，由此可见这份杂志的社会影响。

严独鹤：拓展“大副刊”的视野

严独鹤（1889—1968），现代著名报纸副刊编辑家，通俗文学作家。祖籍浙江省桐乡，生于上海，父亲曾当过上海制造局的文案主任。严独鹤原名严桢，字子材，别号知我、槟芳馆主，独鹤是他的笔名。

严独鹤少时聪颖好学，据他在《我之童年时代》一文中回忆，他12岁就能写文章，14岁考中秀才，15岁进入广方言馆学习英文和数理化等科目。正待他毕业准备出洋时，父亲不幸病故，全家的生活重担落在了他一人身上。1913年，他进入中华书局任英文部译员，业余时间从事文学创作。1914年，他进入上海《新闻报》。之后，他从事新闻工作长达半个多世纪，主持《新闻报·快活林》副刊编辑业务。严独鹤除负责副刊编辑业务外，还以“知我”的笔名撰写社评，后来被提升为《新闻报》副主编，以后又被公推为“上海新闻记者工会”监事。在此期间，还进行文学创作，先后创作出版长篇小说《人海梦》、短篇小说集《严独鹤小说集》等。

作为一个副刊编辑，严独鹤特别注意培育副刊的文化特色。首先，他把过去《新闻报》副刊《庄谐丛录》改名《快活林》，以市民读者为对象，内容定位力求趣味性、新闻性，同时确定《快活林》副刊的编辑思想："新旧折衷"、"雅俗合参"、"不事攻讦"、"不涉猥亵"。当时，一些报纸的副刊经常靠低级庸俗的作品吸引读者，以此提高报纸的发行量。严独鹤更名《快活林》的副刊内容与前期的《新闻报》副刊《庄谐丛录》相比，在内容上发生了较大的变化。首先，报纸栏目增加了，每一期有《谐著》、《小说》、《笔记》等栏目，经常刊载漫画，栏目内容上力求雅俗共赏。兼顾趣味性与时代感，满足读者的文化需求。

严独鹤坚持"大副刊"的编辑思路：副刊的内容不仅仅局限于文艺，副刊的触觉应该延伸到社会的各个方面。因此，他主张，副刊的性质应该是兼容并包，要注意到世界、国家、社会、家庭、个人各方面，从大事以至小事，随时有讨论的题材，要着眼于政治、经济、文化教育、科技、艺术各部门，从正面以及侧面随时有写述的资料。

在《快活林》副刊上，"谈话"是最有特色的栏目，作者是严独鹤本人。《谈话》栏目话语的形式灵活，内容多是市民关注的生活热点问题。他每天撰写一篇"谈话"发表在《快活林》上，语言轻松诙谐，以面对面谈话的口吻叙述新闻、评论时事，篇幅长不过千字，短则百余字。《谈话》评论对象涉及社会生活的方方面面，从国家大事到上海街头最新发生的新闻，均进入谈论的题材，其爱国情绪、对民生的忧患意识贯彻"谈话"始终。1918 年，徐世昌被北洋军阀推选为大总统，严独鹤立即写文章进行讽刺，指出"徐娘半推半就之姿态，未必能博得人又惊又爱也"。想不到这篇短评惹起了一场风波,《新闻报》董事长美国人福开森指责他违反美国报律，亵渎元首。

严独鹤编辑副刊富有创新意识，他注意多刊载漫画、新闻图片，以达到与文字的互动效应，使报纸版面图文并茂，增强报纸版面的视觉冲击力。当时，结合新闻，他经常刊登时事漫画，漫画作者多是无名之辈，当然也有像马星驰、杨清磐这样的漫画名家。严独鹤以副刊版面为依托，善于组织名家名人写稿，千方百计使副刊产生影响力。在《快活林》上经常看到的小品、随笔、长篇连载多出自当时有影响的作家，如小品作者有程展庐、范烟桥、许指严等，长篇连载的作者有李涵秋、顾明道等人。

严独鹤是一位有民族气节的编辑家。上海“一·二八”事变后，严独鹤把《新闻报》的副刊《快活林》改名为《新园林》，以报纸版面，挥洒爱国热情。他注意密切联系作者，特别是一般作者，经常在副刊上刊登他们的来信，让他们发表对社会生活的意见。他还在版面上专门开辟“抗日同志谈话会”、“救国之声”等栏目，让读者提出抗日救国的方法，呼吁大家写出激励救国热情的文字。抗战时期，汪伪政权看重他在新闻界的声望，多次拉拢他，但均遭拒绝。

在上世纪20年代的上海，《新闻报》的副刊《快活林》与《申报》的《自由谈》最负盛名。“一鹃一鹤”之说在当时报坛上传为佳话。所谓“鹃”指主编《自由谈》的周瘦鹃，“鹤”就是主编《快活林》的严独鹤。与周瘦鹃相比，严独鹤比较注重副刊的时代特色，他在新闻与文艺之间，拓展副刊的编辑视野。他注意培植副刊栏目，以此形成自己的特色，打造报纸栏目品牌。同时，他强调副刊的综合性、新闻性与文艺性并存。他主张，新闻性与文艺性是副刊的两翼，强调文艺性成为副刊最为显著的特征。

解放后，严独鹤曾担任过上海图书馆副馆长，主持《全国报刊索引》的编辑工作，还被《解放日报》聘为编辑顾问。当选为上海市第一届至第五届人民代表。“文化大革命”中，严独鹤遭受迫害，1968 年含冤病故。

王钝根、陈蝶仙:《申报·自由谈》开启者

王钝根（1888 - 1950），原名王晦，更名王永甲，字耕培，号钝根。江苏青浦人（今上海），现代报刊副刊编辑家，《申报·自由谈》副刊的创始人。

王钝根出生于一个书香之家，自幼饱读诗书，16 岁考中秀才，后来进广方言馆学外语。辛亥革命爆发之前，王钝根受当时革命思想的影响，曾在自己的家乡创办《自治旬报》，宣传推翻封建专制、建立民主共和国的革命言论，其文名为本乡的名人、新闻界的席子佩所知。当时，席子佩正在上海主办《申报》，就邀请席子佩到上海，协助他编辑《申报》。

1911 年 8 月 24 日，《申报·自由谈》副刊正式与读者见面。以后，这块副刊版面成为《申报》的品牌版面，成为出版时间长达 25 年的报纸副刊。上世纪 30 年代，黎烈文主编《申报·自由谈》时期，鲁迅、瞿秋白、茅盾等进步作家在此

发表作品，这家副刊成为当时很有社会影响的论坛。但《申报·自由谈》首创之功，应属于王钝根。

作为首创者，王钝根主编《申报·自由谈》时间大概有4年，在他主编时期，这块版面成为民国初年“鸳鸯蝴蝶派”作家发表作品的园地，经常出现的栏目有：《海外奇谈》、《游戏文章》、《岂有此理》、《博君一笑》等等，有时还发表一些诗词、漫画，讽刺社会现实。此外，还发表古今见闻录之类的笔记作品。1913年以前，还刊载王钝根创作的小说——《浦江潮》。从读者定位看，《申报·自由谈》倾向于一般市民读者，内容注重趣味性，发表一些轻松幽默的小品文。1915年，日本强迫中国接受屈辱的“二十一条”，王钝根主张激烈，与主编意见不合，主动辞去《申报·自由谈》的编辑职务。

王钝根还是一位文艺期刊编辑家，他先后参与创办《自由杂志》、《游戏杂志》、《礼拜六》等刊物。1915年加入南社，成为社员。1926年，他设立明记公司经营铁业，1933年，经商失败。后应《新申报》之聘，主编该报《小申报》和《自由闲话》副刊。王钝根晚年热心京剧、书法，他的书法从颜真卿入手，得“二王”之神韵，运笔多起伏微妙，境界清远。

陈蝶仙（1879－1940），浙江钱塘人。原名寿嵩，字昆叔，别号天虚我生。近现代报纸副刊编辑家，著名言情小说作家。继王钝根之后，主编《申报·自由谈》副刊。在他编辑期间，基本沿用了王钝根的编辑体例，其创新之处是开辟《常识》专栏。他对自然科学知识有一些了解，在这个栏目里，他经常介绍化工、医药等知识，还介绍如何剪裁衣服、如何哺育幼儿、女性如何化妆等内容，很受读者的欢迎。后来，他把《自由谈》刊载的内容收集起来，编成一本《家庭常识》，结果很畅销，不仅给他带来了经济效益，也让他大出其名。当时，科学知识尚未普及，读者纷纷致信，询问编者有关使用科学知识。陈蝶仙发现市面上日货充斥，民族工业十分落后，人民非常需要物美价廉的日用品。1918 年，他主动辞去《申报》编辑职务，自己办工厂，建立家庭工业，生产一种“无敌牌”牙膏粉，成了民族工业的资本家。

陈蝶仙还是一位作家和文艺期刊编辑家。在进入《申报》之前，曾经创作言情小说《泪珠缘》（1898 年），从此在文艺界崭露头角。1913 年，他与人一起主编《游戏杂志》，创办《女子世界》，不断创作文艺作品，成为“鸳鸯蝴蝶派”文学的代表作家。1924 年，他把自己多年创作的诗词汇集为《栩园丛稿》。1930 年，主编《上海机制国货联合会会刊》，宣传提倡国货。抗战爆发后，他把自己在上海的工厂迁至四川。1940 年因病去世。

郑逸梅：名扬天下的报刊“补白大王”

郑逸梅（1895－1992），现代著名报人。江苏苏州人。他的写作生涯开始于 1913 年的《民权报》，一生作品超过千万言，曾是南社社员。

关于“补白大王”这一称谓的来历，郑逸梅在他的《艺林散叶汇编·跋语》中谈到：他涉足新闻界较早（上世纪20年代起），“主编过多种报刊，除了自己撰写的作品刊载其间外，在报纸和杂志的空页和多余部位，往往有编辑本人写一些三言两语、短小精悍的短文，以补空白，这些空页和多余的地方登载的短文，当时几乎全由我一人包了。一些老报人和我开玩笑，说外国有钢铁大王、石油大王、汽车大王、钻石大王，中国则有一位‘补白大王’郑逸梅。就这样把玩笑开成了真的，一传数十年，当时还有‘无白不郑补’之说，认为补白最好，非我莫属，甚至近年，在港澳报界，称这种三言两语的文章体裁为‘郑公体’，海外也有仿撰写者，其实我是不敢当的。我的外号‘补白大王’名称，即来于此。”

郑逸梅热爱文学，早年曾与范烟桥、顾明道等组织文艺社团——苏州星社，以后又加入南社，与柳亚子、胡朴安等名家都是好朋友。民国初年，他曾被聘为《申报》、《新闻报》和《时报》的特约撰述，先后主持《消闲月刊》、《金钢钻报》、《华光半月刊》和《永安月刊》副刊。郑逸梅还涉足电影界，1927年，他担任上海影戏公司编剧。

郑逸梅晚年仍然坚持写作，为一些报纸副刊写小品文，晚年所著较有代表性的是《南社丛谈》、《书报话旧》、《清末民初文坛轶事》、《艺林散叶汇编》等书。郑逸梅一生著述70多种，内容十分丰富，为近现代社会、文化的研究提供了丰富而宝贵的资料。

周瘦鹃：构建“鸳鸯蝴蝶派”文学大本营

周瘦鹃（1894—1968），原名周国贤，江苏苏州市人，曾使用笔名泣红、紫罗兰主人、瘦鹃等。他是近现代著名的言情小说家、翻译家，同时也是著名文艺副刊编辑家，从1920年到1932年编辑《申报·自由谈》达12年之久。

周瘦鹃幼小时家境贫寒。6岁时父亲去世，以后全家靠母亲为人缝缝补补过日子。他7岁入私塾，读诗集经传，后读小学和中学。他学习刻苦，成绩优异，老师格外栽培他。学校考虑到周瘦鹃家境贫寒，免除了他的学杂费，周瘦鹃才顺利读完中学。他18岁毕业于上海民立中学，后留校任教，担任英文教师。

周瘦鹃的文学活动起步于参加编辑文学刊物。1914年夏，他协助王钝根编辑《礼拜六》周刊，这是一家以市民读者为定位的娱乐性周刊，是当时鸳鸯蝴蝶派文学的主要阵地和代表刊物。周瘦鹃不久成为这份期刊的主要力量，他不仅能编，而且能写，还可以翻译外国文学，举凡社会小说、言情小说、侠情小说、哀情小说他均能为之。1915年，周瘦鹃参加南社，在《南社丛刻》第十九集发表古体叙事诗《新情歌》。在这篇作品中，女主人公不惜一切，要情人出征杀敌卫国，表现了强烈的爱国思想。值得一提的是，在翻译介绍外国文学方面，他有着自己独特的贡献。他曾经翻译大仲马、狄更斯、莫泊桑、托尔斯泰等名家的作品，刊登在《礼拜六》杂志上。1917年，结集出版《欧美名家短篇小说丛刻》，受到鲁迅、周作人的称道。以后，《新闻报·快活林》和《申报·自由谈》先后约请周瘦鹃担任副刊特约撰述。周瘦鹃每天都要为《申报·自由谈》副刊撰写一篇短文，从此开始涉足报界。

作为报刊编辑家，周瘦鹃最出色的成就是在副刊编辑方面。自1920年起，他正式担任《申报·自由谈》编辑，此后，直到1933年，《申报》革新版面，黎烈文接任《自由谈》副刊的主编。周瘦鹃后来曾回忆道：这是他一生最可值得纪念的一页。主编《自由谈》副刊，他因此联系了不少作者，对于他以后的文学出版活动作用很大。在12年的时间里，他在文学创作、副刊编辑、策划出版文艺刊物方面取得了重要成就，与他的报纸编辑身份有密切关系。从某种意义上看，一个报人旺盛的人脉，对他以后事业的发展会有很大的帮助。在这12年里，周瘦鹃除了负责《申报·自由谈》日常编务，还先后创办、主编或与人合编了《游戏世界》、《半月》、《紫兰花片》、《上海画报》、《紫葡萄画报》、《良友》画报等多种报刊。其中的《良友》画刊，成为上海引导文化消费时尚的一道风景，成为当时的畅销期刊。就文学期刊而言，《紫兰花片》（64开小杂志）月刊最具特色，内容全是周瘦鹃一人或创作或翻译的短篇杂作，被称作“周瘦鹃个人的小杂志”，月出一册，出版时间达两年，成为当时上海最受欢迎的大众文化读物。

周瘦鹃是一个有骨气的文人。上海“八·一三”事变爆发后，《申报》被迫停办。战火波及苏州，周瘦鹃携家颠沛流离，先后到浙江南浔、安徽黟县。在此期间，他时刻牵挂家园及祖国的安危存亡，写了大量的爱国诗词。抗战期间，周瘦鹃在上海先后编辑出版《紫罗兰》等刊物。1936 年 10 月，他与鲁迅、郭沫若、矛盾、巴金等文艺界代表，联名发表《文艺界同人为团结御侮与言论自由宣言》，他的爱国思想是与其他进步人士一致的。

周瘦鹃是一位中西合璧、新旧合璧的过渡性人物。在战乱年代和复杂的政治斗争中，他保持自己的节操，倾向于选择自由主义思想。他沉湎于花草，潜心于盆景、盆栽的艺术研究，成为著名的盆景专家。上世纪 30 年代末，周瘦鹃加入国际性的上海中西莳花会，在花会展出比赛中，周瘦鹃的盆景作品以古朴、典雅、独具特色艺术风格两度夺冠，获得大奖。

解放前夕，周瘦鹃回到苏州，重新整理故园，专心盆景，培育花木，陶醉于花木丛中，深居简出。1950 年，苏南区文学艺术工作者代表大会召开前夕，周瘦鹃收到大会的邀请。1953 年，时任上海市市长的陈毅慕名拜访，在观赏盆景、盆栽之后，同周瘦鹃进行了亲切交谈。以后，周瘦鹃曾被选为苏州市人民代表、江苏省人民代表，第三、第四届全国政协委员，担任苏州市博物馆名誉馆长。在文艺界，他是中国作协会员。周瘦鹃在养花种草、研究盆景艺术之余又拿起了笔，撰写小品文、散文、游记，为一些报刊写稿，在香港的《大公报》、《文汇报》发表作品。“文革”期间，周瘦鹃横遭侮辱，1968 年 8 月含冤而去。

郑贯公：报刊文艺的天才编辑

郑贯公（1880—1906）名道，字贯一，广东人。辛亥革命时期的著名报刊活动家。

郑贯公自幼聪颖，但少年时代因家境贫寒辍学，16岁东渡日本，在太古洋行横滨支店当佣工，在此期间，阅读维新派主编的书报，受改良主义思想的影响。1899年，进入梁启超创办的大同学校免费就读。在校学习期间，他接受了西方近代资产阶级启蒙主义思想，同时，与孙中山等革命党人交往，遂倾向于革命。离校后，协助梁启超编辑《清议报》，以后又与冯自由创办《开智录》，由于与梁启超等人不和，被《清议报》解职，从此倾向于孙中山领导的革命思想。

1901年春，郑贯公经孙中山介绍，去香港担任《中国日报》记者。他在《中国日报》上，阐发新思想、新学说，使该报面目为之一新。1903年，他脱离《中国日报》，参加《世界公益报》工作，因言论受资本家限制辞职。另创《广东报》，发刊年余，以资本不足停刊。1904年3月，郑贯公创办《广东日报》。他一改《中国日报》把《谐部》作为报尾副刊的做法，另出一个副刊——《无谓报》，每日随主报一起出版，日出两页，随报附送。这样，很快形成自己的编辑特色——副刊与主报密切配合，为现实政治斗争服务；采取灵活的民间文学样式，副刊具有趣味性和可读性。其中有《俗话史》、《谈风》、《舞台新籁》、《社会新声》、《诗潮》等10多个栏目，刊载带有强烈民主革命色彩的文艺作品。其中，《舞台新籁》和《社会新声》都采用广州方言民间说唱班本。

1905年6月，郑贯公在香港创办通俗小报——《有所谓报》。该报特别注意吸收民间文艺形式，如粤曲班本、南音、木鱼书等，使旧的民间艺术形式容纳了新思想，适合多层次读者的兴趣。因此，这张报纸的风格既不同于文言大报，又不同于一般通俗小报。编辑在内容设计上分为庄谐两部。谐部占五分之二篇幅，分《题词》、《落花影》、《滑稽魂》、《官绅镜》、《金玉屑》、《新鼓吹》、《社会声》、《风雅丛》等栏目；庄部主要是新闻和政论，有《博议》、《短评》、《访稿》、《广东新闻》、《要闻》（国内新闻）、《电音》（外国新闻）、《港闻》、《来书》等栏目。这样融雅俗于一炉的编辑形态，使之成为独具特色的时事性报纸，一跃成为当时港粤报中读者最广、发行量最高的报纸。

郑贯公是一位最有创新意识的副刊编辑家。他的副刊编辑方式，对以后中国报纸副刊编辑形态产生较大的影响。1906年染疾逝世，年仅26岁。

邵力子：开创《觉悟》副刊的宣传家

邵力子（1881—1967），现代著名报人。浙江绍兴人，清末举人。1907年，邵力子曾协助于右任在上海创办《神州日报》，随于右任赴日本募款，在东京会见了孙中山，赞成孙中山的革命主张。之后，邵力子加入同盟会。1910年，于右任创办《民立报》，邵力子任编辑。1913年，《民立报》被袁世凯势力查禁，邵力子回到复旦公学任教。

1915年，为反对袁世凯复辟帝制活动，邵力子在上海创办《民国日报》。这张报纸因言论激烈受到当局的压迫干涉，报纸经营十分困难。邵力子艰难支撑，甚至自己掏钱办报，《民国日报》得以正常出版。“五四”运动之前，《民国日报》在第八版设立了《民国闲话》，第十二版有《民国小说》，由邵力子和陈望道编辑。在此基础上，1919年6月16日，创办综合性副刊《觉悟》，作为宣传新思想的阵地，由他担任主编。以后，这个副刊成为传播新思想、新文化，启蒙大众的话语空间，形成与北京的《晨报副刊》相呼应的格局。

1920年，《觉悟》扩大为四开两页，随报附送，以后每月发行汇刊单行本。1920年以后，《觉悟》副刊开设的栏目有《讲演》、《评论》、《选录》、《译述》、《诗歌》、《小说》、《通讯》、《随感录》等等。此外，还有一些针对社会热点问题而开设的栏目，如《劳动问题》、《社会调查》、《平民血泪》等，这些栏目刊登的文章思想新颖，分析问题透彻有力，表现了初步的社会主义倾向。《觉悟》副刊一开始就以战斗的姿态投入社会运动，如宣传马克思主义，介绍俄国十月革命，提倡工人组织起来，号召青年到劳动中去，主张妇女解放，关心青年的学习和生活，这些内容对当时读者来说十分新鲜，很受欢迎。邵力子主编《觉悟》副刊的编辑实践，充分显示出一个报人的文化创新能力。其中的《通信》栏目办得较有特色。来稿量之大，作者之多，反映社会问题之广，使这一栏目成为当时报界的品牌。

1920年2月6日，该刊推出《通信》栏目，当月就刊登了15篇稿件，到3月份，刊载的稿件逐渐增加到47篇。随着来稿的数量增加，《通讯》栏目日益活跃起来。编辑以读者为中心，对他们提出的问题回答得更加细致深入，形成了良好的互动关系。编读之间，针对具体的问题，不再是一般的你问我答，而是携带着浓郁的情感进行多回合的交流。在这种意义上，《通信》栏目不仅是编辑和读者沟通的"桥梁"，也成了广大读者发表意见的话语空间。从这个栏目发表的文章看，大多是那个时代青年男女最关心的热点问题，如反对封建婚姻、女子的人格和读书权利、家庭改革、怎样争取恋爱自由、女子剪发、怎样过暑假、怎样救济商界的青年、寡妇能否再婚等等。这些来稿多出自江苏、浙江和上海一带青年读者之手，反映了当时青年的思想状态，以及他们对社会问题的认识水平。回答读者的文字多出自主编邵力子之手。他长期耐心回答读者的来信，读者也对他产生了信任感，把他作为生活中的朋友。1920年9月，有一个署名"清芬"的女学生给主编写信，说她今年19岁，其父母要替她选择婚姻。这位女学生告诉父母，现在是妇女解放时代，要自己选择婚姻，想不到，其父母非要让她和一个官僚的孩子结婚。女学生经济尚未独立，觉得无路可走，只好请主编邵力子出主意。邵力子觉得这是一个典型的问题，就及时在《觉悟》栏目里发表文章，告诉这位女学生："婚姻自由，你既能明白此理，便须坚持到底。为什么一经强迫，便说'真真没办法'呢？此时你稍退让，将来他们越发强硬。聘礼既成，在他们看来，已经大错铸成了。青年男女，对于将成未成的婚姻……只看你有没有决心，你有决心，他们总不能硬拖你上轿啊！”一位江苏的读者以《荒谬绝伦的强迫“冥婚”》为题，给邵力子写信，反映农村封建势力，以古老愚昧的婚姻方式残害少女的事实。邵力子在发表的回信里，对那位深受迫害的农村姑娘表示同情，呼吁大家觉醒并采取行动，废除这种不合人道的陈规陋习，支持这位姑娘争取恋爱自由和婚姻自由。刊登的读者来信里，经常可以看到“力子啊，力子”这样的称呼，不仅体现出编辑和读者之间的亲密关系，也间接凸现《通信》这个栏目为读者所欢迎的程度。如此传播效果，正是编辑寻求与读者的互动，与时俱进、用心经营而赢得读者信任的结果。邵力子主编的《民国日报·觉悟》，所刊发的文章常常闪耀出思想的火花，构筑了那个时代一道亮丽的文化景观：一方面编辑精心策划，将来自社会各个层面的生活、感受和思想，及新文化运动密切相关的信息不断地呈现在副刊上；另一方面，编辑则根据读者提供的信息，通过书信的方式，针对一些问题设计议题，与广大读者一起平等地讨论问题，其过程本身就是有趣的互动传播，发挥了编读主体建构副刊文化的创造潜力。

邵力子是一个进步的政治活动家。1937 年抗日战争爆发后，任国际反侵略同盟中国分会副主席，国民外交学会会长，中苏文化协会副主席，中华全国文化界抗战协会理事，国民党政府驻苏大使，国民参政会、宪法促进委员会秘书长。1949 年为国民党政府和平谈判代表团成员，到北平与中国共产党进行和平谈判。国民党府政拒绝签订和平协定后，邵力子脱离国民党政府。解放后，任中央人民政府政务院政务委员、第一至第三届全国人大常委等职。

于右任：以笔为旗帜的报刊活动家

于右任（1879—1964），陕西三原人，现代著名报人。原名伯循，字诱人，“诱人”的谐音是“右任”，“右任”即为笔名。

清朝光绪年间于右任考取举人。1900 年，慈禧太后与光绪皇帝到陕西避难，于右任曾异想天开，想上书陕西巡抚趁机杀掉慈禧太后，后被同学劝阻。之后，他写诗表达报效国家的情怀，并结成一部诗集——《半哭半笑楼诗草》，刊印散发。其中“爱自由如发妻，换太平以颈血”，“愧死书生无用甚，空言侠骨爱卢骚”等诗句被热血青年广为传颂。这些作品，情绪激昂，针砭时弊，讥讽朝廷。不久遭到清政府的通缉。于右任只好亡命上海，与革命党人取得联系。震旦公学校长马相伯发现了于右任，让他免费进入震旦公学。

1906 年，于右任在日本东京见到了孙中山，不久加入同盟会。1907 年起，他先后创办《神州日报》、《民呼日报》、《民吁日报》、《民立报》等报刊，倡导三民主义，积极宣传民主革命。作为报纸编辑家，于右任先后提出一系列的办报思想。他认为，在特殊的革命时期，报纸的使命是大声疾呼，为民请命，通过报纸，使“民之声”得以传达。他还认为，现代报纸是民众思想教育的讲坛，革命家要通过报纸，提倡独立精神，培植独立思想。这种思想也反映在《民呼日报》、《民立报》副刊上。这些副刊，特别注重宣传作用，形成以谐文为主的特色。但于右任把副刊当作政治宣传的工具，这在某种程度上忽视了副刊的审美、益智、冶情等功能，造成现代传媒的某些不足。

辛亥革命后，于右任成为国民党重要决策人物，历任南京临时政府交通部次长、国民联军驻陕总司令等职务，他还担任国民党中央政府监察院院长30多年，后随国民党退居台湾。于右任晚年思念家乡，渴望两岸统一，他在弥留之际所写的一首《望大陆歌》，情调哀婉动人，广为传诵。这首诗表达了两岸人民渴望祖国和平统一的心声——

葬我于高山之上兮，
望我大陆；
大陆不可见兮，
永不能忘！

葬我于高山之上兮，
望我故乡；
故乡不可见兮，
永不能忘！

天苍苍，

野茫茫；

山之上，

国有殇！

李大钊：开创《晨报副刊》的启蒙传统

李大钊（1889—1927），字守常，河北乐亭人，现代最早利用报刊传播马克思主义的报人和著名学者。

李大钊青年时代曾赴日本早稻田大学留学，主攻政治科，在此接触一些社会主义思想。1914 年组织神州学会，进行反袁活动。1915 年，为反对日本灭亡中国的“二十一条”，李大钊以留日学生总会名义发出《警告全国父老》通电，号召国人以“破釜沉舟之决心进行反抗”。在日本留学期间，他曾编辑了一些革命报刊，开展革命活动。1916 年 5 月李大钊回国，在北京创办《晨钟报》，任总编辑，后任《甲寅日刊》编辑。1918 年任北京大学图书馆主任，发表《布尔什维主义的胜利》等文章。

1919 年 2 月，李大钊主编《晨报》第七版，这是《晨报副刊》的前身，实际上是《晨报》副刊性的版面。在此之前，《晨报》的第七版刊登的多是一些文字游戏笔墨和内容贫乏的无聊文字。李大钊认为，《晨报》主报应及时报道国内外新闻，报纸应该是人民的耳目。李大钊把第七版加以改革，要求充实新内容：传播现代新思想，利用现代报刊培育大众的

“新修养”。

改版后的第七版，设置的栏目增加了《自由论坛》、《演说汇录》、《文艺谈片》、《科学丛谈》、《译丛》、《通信》、《马克思研究专栏》等。这些栏目刊发的基本内容，贯彻了新文化运动倡导的“民主”与“科学”精神。经李大钊改版后的《晨报》第七版，精神面貌焕然一新。以后的《晨报副刊》之所以在中国文化和思想史上影响深远，可以说与李大钊的编辑改革分不开。他的主要贡献——打破副刊的传统风格，把其改造成为传播“五四”新文化的重要阵地，成为中国现代知识分子的思想文化“公共空间”，开启了现代报刊思想文化启蒙的思潮，为现代报纸副刊的发展定下了基调。

李大钊主编的《晨报》，很快成为现代文化与思想变革的先锋。当时，瞿秋白以《晨报》记者身份到苏维埃俄国采访，写下了《饿乡纪程》、《赤都心史》，李大钊把这些作品刊登在《晨报副刊》上。《饿乡纪程》是中国革命报告文学最早的作品，作者写了在莫斯科的见闻，通过一系列细致的描述，反映了苏联人民在革命时期的艰苦斗争。这些鲜活的报道，让人耳目一新，使中国人看到了新世纪的曙光，推动了马克思列宁主义在中国的传播。

1919 年，李大钊参加创建少年中国学会，出任《少年中国》月刊编辑主任，发表《我的马克思主义观》，是中国最早系统地介绍马克思主义学说的文章，与提倡实用主义的胡适展开“问题与主义”论战。1920 年 3 月，李大钊与前来北京的共产国际远东局局长魏金斯基和马迈耶夫等商谈建立中国共产党问题。此年10月，成立北京共产党小组，11月建立北京社会主义青年团。1921年8月任中国劳动组合书记部北京分部主任，在京奉、京汉、京海等铁路开展工人运动。次年8月中共中央西湖会议后，受党的委托到上海与孙中山商谈“振兴国民当以振兴中国之问题”。

李大钊一生都在探索救国救民的“大道”，思考“中国应该向何处去”的历史问题。但他不是一位坐而论道的学者，确切地说，他是一位出色的革命家。1923年6月，李大钊出席中共“三大”，当选为中央执行委员。10月任国民党临时中央执行委员和改组委员，参与筹备国民党“一大”。1925年“五卅惨案”爆发，与赵世炎等在京组织“沪案雪耻会”，声援上海人民的反帝斗争。1926年3月，李大钊领导北京群众开展反对日英美等国要求拆除大沽口国防设备的活动，遭到段祺瑞政府的通缉。1927年4月，李大钊被奉系军阀张作霖逮捕，不久在北京英勇就义。

孙伏园：杰出的报纸副刊编辑家

孙伏园（1894—1966年），现代著名报人，著名报纸副刊编辑家。浙江绍兴人，原名福源，曾用笔名“伏庐”、“柏生”、“松年”等。鲁迅在浙江绍兴师范学校当校长的时候，孙伏园以学生的身份结识了鲁迅。后在北京大学读书，曾经参加新潮社和语丝社的文学活动。作为一个编辑家，他一生主编的报纸副刊有《晨报副刊》、《京报副刊》、武汉《中央日报》

副刊，有《伏园游记》、《鲁迅先生二三事》等著作。

作为著名编辑家，他在报纸副刊方面有独特的贡献。主编《晨报副刊》期间，为呼应新文化运动的需要，首先，他注重副刊的文化特质，照顾读者的广泛性和受众不同的文化层次，主张报纸副刊在内容上必须兼顾多数，要求副刊编辑把那些高深的学术思想通俗化。在副刊文化功能定位上，选择“学理”和“趣味”并重传播策略。第一，以生活谈学术，以问题谈学术，使思想、学术与大众日常生活贯通。如1921年，《晨报副刊》在“评论”栏目里，先后发表了《国语运动与文学》(胡适之)、《女权运动与参政》（钱用和)、《科学与常识》(刘达九)、《罗素与中国》（徐志摩)、《注音字母与联省自治》(黎锦熙)、《世界语的实行问题》（崔阳）等文章，就内容而言，这些文章涉及哲学、政治学、文字学、文学、语音学等学科，专业性、学术性很强。但编辑常常把学术话语置于社会政治改革、新文化建设、妇女解放等社会文化语境，从大众关注的问题中寻找话题由头。在不失其思想精髓的前提下，这样的编辑处理，使这些文章的专业性、学术性话语大为减弱。如此引发读者的兴趣，巧妙地把学术发现、学术思想贯通到大众的文化视野中。第二，赋予学术性文章以活泼多样的栏目形式，软化学理性，增加可读性。《晨报副刊》发表学术性、思想性栏目较多，其中的文章，不少出自不同研究领域里的专家之手。孙伏园常常把这些文章放在头版进行处理，目的十分明显——宣传介绍西方民主与科学的思想。栏目众多，孙伏园别出心裁，将学术文章以不同的面孔出现，比较常见的栏目有

《演讲录》、《星期论坛》、《书评》、《剧评》、《论坛》、《读者来信》等。不同的栏目有不同的风格，其共同点是把学术话语生活化。经编辑处理的学术文章变成了“家常话”，思想性、学术性文字较贴近大众生活兴趣，话语亲切感人，读者感到耳目一新。

其次，孙伏园坚持思想多元化的办刊思路，注意集结作者队伍，把报纸副刊办成现代知识分子启蒙大众的讲坛和话语空间。《晨报副刊》经常出现的作者有鲁迅、陈独秀、周作人、胡适、李大钊、瞿秋白、马寅初、吴稚晖、蒋梦麟、冰心、许地山、郑振铎、林语堂、沈尹默、庐隐、梁实秋、冯雪峰、熊佛西、钱玄同、刘半农等人。作为编辑，孙伏园与作者志趣相投，心心相通，激发了副刊文化主体文化创新的热情。孙伏园奉行思想上融合新潮、兼容并包的编辑理念，而主要作者发挥其思想背景、专业背景的优势，依托副刊进入公共话语空间，影响时代文化气候。基于新文化运动的理想，双方的兴奋点均是那一时代思想文化方面的焦点问题。主要作者仁者见仁，智者见智，不同的思想展开激烈争鸣，打破了思想的沉闷空气，搅活了现代文化转型期的一池春水。孙伏园立足于文化启蒙立场，依托北大和《新青年》所集结的文化学术精英群体，迅速使“晨副”成为传播新思潮的“讲坛”。这一时期的《晨报副刊》的作者，有的倾向于自由主义，有的倾向于马克思主义，尽管文化立场、政治主张不同，但编辑为了活跃思想，先后推出了一些言论栏目，发表一系列“社会批评”与“文明批评”随感式的文章，针对妇女解放、家庭改革等问题发表不同观点，不仅活跃了版面气氛，而且增强了传播内容的可读性。一些精英人物还注意结合自己的专业，发表有关文化建设的建议。如吴稚晖谈国学，陈独秀谈如何开展新文化运动，李大钊谈马克思主义，胡适谈杜威的实用主义、谈国语运动与文学建设，张松年以随感的形式谈社会发展与生活方式变革的关系，马叔平谈考古，周作人谈新村建设、贞操问题和妇女解放问题，费觉天介绍无政府主义，周作人与赵景琛还以书信的形式探讨童话文学等。《晨报》副刊洋溢着热烈浓郁的学术空气，给人们带来了思想的电光火花。

在孙伏园主编的时期，《晨报副刊》还致力于传播新文学，使之成为发表新文学作品的主要园地。据统计，鲁迅在《晨报副刊》发表杂文、小说等作品就有 60 多篇。如现代文学史上著名的经典小说作品——《阿 Q 正传》（1921 年 12 月 4 日—1922 年 2 月 12 日）就是在《晨报副刊·开心话》里连续刊载的。经常发表小说的作者有冰心、徐玉诺、郁达夫、许钦文、庐隐、蹇先艾、黎锦明等。经常发表散文的作家有瞿秋白、川岛、冯文炳、裴文中、钱玄同、江绍原等。经常发表新诗的作者有汪静之、冯雪峰、应修人等湖畔派的诗作。冰心的《繁星》、《春水》两组小诗都是孙伏园发现并刊载出来的作品，在当时影响很大。经常发表剧评剧作的有陈大悲、熊佛西、蒲伯英等。可以说，中国新文学群体的形成，离不开现代传媒报刊，而作为主编的孙伏园至少有凝聚与培养作者队伍之功。

作为一位副刊编辑家，孙伏园把报纸副刊作为一种文化传播方式，探讨了报纸副刊的文化传播特点、读者定位问题。1924 年 12 月 5 日，在《京报副刊》创刊号的第一版上，主编孙伏园发表了《理想的日报附张》一文。这篇文章结合作者自己的编辑经验，系统分析了报纸副刊的文化功能和编辑形态，他认为："报章杂志只供给人以趣味，研究学问须用书籍，从报章杂志上研究学问是徒劳的。而在中国，杂志又如此之少，专门杂志就更少了，日报的附张于是又须代替一部分杂志的工作。例如宗教、哲学、文学、美术等，本来都应有专门杂志的，而现在《民国日报》的《觉悟》，《时事新报》的《学灯》，北京《晨报》的副刊，大多是兼收并蓄的。一面要兼收并蓄，一面却要避开教科书或讲义式的艰深沉闷的弊病。"可以发现，作为报纸副刊编辑的孙伏园已经认识到：报纸副刊与其他传媒的文化功能不同，有其内在的规律，在内容结构中，文学艺术"是日报附张的主要部分"。

1924 年，孙伏园还应邵飘萍的邀请，主编《京报》副刊。他继续坚持《晨报副刊》的编辑思想和编辑方法，可以说，这段时间是他作为一个报人最能显示创造力的阶段。1928 年，孙伏园赴法国留学。1931 年回国后在河北定县从事平民教育工作。抗日战争期间，孙伏园主编重庆《中央日报》副刊。解放后，他曾在国家新闻出版总署工作。

徐志摩：把一弯"新月"带进副刊

徐志摩（1897—1931），浙江海宁县人，出身富商家庭。

著名作家、诗人，新月派的代表诗人，报刊编辑家。

1910 年，徐志摩考入杭州府中学堂。1915 年夏天，进入上海浸会学院读书。1916 年秋，转入天津北洋大学法学预科学习。1917 年，徐志摩入北京大学法学院读书。在近两年的时间里，他接受了不少新思想，接触了许多社会名流，并拜梁启超为师。1918 年，徐志摩赴美留学，进入克拉克大学历史系读书，仅仅 10 个月就获学士学位。1919 年 9 月，进入哥伦比亚大学经济系，一年后获硕士学位。当时，他对政治学很感兴趣，经常用心研读空想社会主义学说。1920 年 9 月，徐志摩进入伦敦大学政治经济学院学习。1921 年春，徐志摩以可以自由选课的特别生资格进入伦敦剑桥皇家学院读书，以后转为正式研究生。剑桥大学的学术文化气氛对他影响很深，不仅形成了他的政治理想，也形成他的审美趣味，他的兴趣也开始转向文学。他特别喜欢 19 世纪英国浪漫主义诗歌，从 1921 年起，开始新诗创作。据徐志摩在《猛虎集》回忆，当时他的“诗情真有些像是山洪暴发，不分方向地乱冲”。

1922 年 10 月，徐志摩回国，之后连续在上海《时事新报·学灯》副刊、《晨报副刊》发表诗歌作品。同时，开展文学活动，参加由回国的英美留学生及其他人组成的“聚餐会”，在此基础上，1923 年 3 月，徐志摩发起成立文学组织——“新月社”，胡适、张君劢、丁文江等为主要成员。1924 年，又与胡适、陈西滢等创办《现代评论》周刊，并任北京大学教授。

徐志摩是一位出色的报纸副刊编辑。他的编辑活动起步于

《晨报副刊》。1925 年 10 月，徐志摩接编《晨报副刊》后，坚守自由知识分子的精神，力图把副刊办成一个现代自由知识分子的话语空间，办成现代新诗的试验基地。他编辑副刊，强调副刊的独立品格，既不取媚于权贵，也不取媚于流俗，他注意依托副刊聚合文化精英的力量。在他主编时期，为《晨报副刊》撰稿的著名学者有梁启超、胡适、赵元任、傅斯年、郁达夫、沈从文、凌叔华、江绍原、任鸿隽、陈衡哲、丁西林、陈西滢、陶孟和、张东荪、闻一多、刘海粟、宗白华、余上沅等。

徐志摩作为《晨报副刊》的主编，特别关注社会热点问题，先后组织了"苏俄仇友问题的讨论"、"关于闲话的笔战"、"关于梁钜川自杀的讨论"、"关于党化教育的争论"等活动，也曾组织过一些关乎国计民生的讨论。在"五卅"惨案、"三·一八"事件上，徐志摩是持同情态度的。徐志摩把《晨报副刊》办成了新文学的花园，这里不仅有名家作品，也有出自无名之辈的作品。诗歌方面，主要作者有闻一多、谢冰心、朱湘、刘梦苇、朱大枬等，他们绝大多数是文学研究会和新月派的成员。其中，闻一多的新诗、谢冰心的《寄小读者》等作品发表后，影响很大，为新诗的发展提供了样板。小说和散文创作方面，在《晨报副刊》经常发表作品的有王统照、彭家煌、焦菊隐、闻国新、尚钺、李健吾、许杰、刘大杰、王希仁、凌叔华、徐志摩、庐隐、许跻青等。一部分人多以散漫感伤的笔法写身边琐事，抒发青年知识者爱的苦闷。蹇先艾等善写下层平民的疾苦。1926 年 4 月 1 日，徐志摩用《晨报副刊》的篇幅创刊《诗镌》（共出版11期），同年6月17日创刊《剧刊》（共出版15期），产生了一定影响。1926年4月至6月，他在《晨报·副刊》上主编11期《诗镌》，与闻一多、朱湘等人开展新诗格律化运动，对新诗艺术发展产生过很大影响。

在徐志摩主编《晨报副刊》期间，文学特别是诗歌和戏剧曾是“重头戏”，他先后推出了《诗镌》（先后出11期）和《剧社》（先后出16期）两大栏目，可以看作是《晨报副刊》的“刊中刊”。《诗镌》推动了新诗的格律化运动，而《剧社》则推动了戏剧理论、戏剧批评的发展。

1927年，徐志摩在上海与胡适、邵洵美、潘光旦、闻一多等人一起创办新月书店。1928年3月出版《新月》杂志。在他执笔的代发刊辞《新月的态度》中，倡导新月派以“健康”、“尊严”为艺术主张。此年，先后任东吴大学、大夏大学教授，1929年，应邀为上海中华书局编辑，又兼任大东书局编辑。

徐志摩的思想比较驳杂。他在《猛虎集·序文》中坦率承认自己思想情感发展的基本线索——“一个曾经有过单纯信仰的流入怀疑的颓废”。那么，这个“单纯的信仰”是什么呢？他的好友胡适在《追悼志摩》一文里指出：“一个是爱，一个是自由，一个是美，他梦想着三个理想的条件能够会合在一个人生里。”胡适认为，徐志摩无论在艺术上还是在政治上都是一位理想主义者。就诗歌作品来看，他在诗《秋虫》里对包括革命理论在内的一切“主义”表示怀疑。1928年8月，诗集《志摩的诗》再版。1930 年，徐志摩担任中英文化基金委员会委员，被选为英国诗社社员。1930 年冬，他辞去教职，抱着“另辟生活”的愿望，到北京大学、北京女子大学任教。1931 年 1 月，与陈梦家、方玮德创办《诗刊》季刊。以后，第三本诗集《猛虎集》出版。1931 年 11 月 19 日，徐志摩因飞机失事在山东济南附近的党家庄遇难。

张东荪：“致力于社会改造”

张东荪（1886—1973），原名万田，字东荪，民国初年曾用笔名“圣心”发表文章。现代著名学者、报刊编辑家。祖辈为官宦世家。他的曾祖父张裴曾当过嘉定知县、泰州知州，祖父也当过吴江等地知县；父亲张上龢曾先后任直隶昌黎、博野、宁县等地知县。张东荪自幼受传统儒学的启蒙教育。

青少年时代，张东荪对哲学发生了兴趣。1902 年，张东荪偶读佛经，为其中深奥的思辨玄理吸引，对他的思想影响较大，为日后的哲学研究奠定了基础，佛学成为他哲学思想的来源。1905 年，张东荪由官派留学日本，入东京帝国大学哲学系。1906 年，他与蓝公武等在东京创办了《教育》杂志。该刊物以“会合东西各国学者，研究高尚学问，尽人道、洗俗垢，使世界庄严洁净为旨归”，分社说、学说、科学、思潮、批评、纪事等九个专栏，以介绍和讨论哲学、伦理问题为重心。这期间，他的思想发生了较大变化，接触和掌握了西方科学与西方哲学，初步冲破了中国传统思想的束缚。1912 年 1

月，孙中山在南京成立中华民国临时政府，倾向革命的张东荪从北京南下，参加了临时政府并任临时内务部秘书。民国初年，张东荪在政治舞台上十分活跃，他评议时局，研究政体，介绍西方政治理论，对当时重大的政治问题，如国会性质、宪法性质、总统制与内阁制、总统权限、行政裁判制度等问题都提出了自己的见解，成为民国初期有影响的政论家。

参与上海《时事新报》的编辑活动，是张东荪一生文化活动的亮点之一。1918 年 3 月，他创办《时事新报》副刊《学灯》，以促进教育、灌输文化为编辑思想，力图把《学灯》办成一个为社会学子立说的园地。1919 年初，他把《学灯》由周刊改为日刊。不久，又聘请俞颂华主编《学灯》副刊，介绍西方各种新思潮。《学灯》副刊成为与北京《晨报》副刊、《民国日报》副刊《觉悟》齐名的介绍新思潮的三大副刊之一。

张东荪作为一个编辑家，有着自己的文化理想——建设新文化，“启蒙大众”，推进社会变革。作为报刊编辑家，“启蒙大众”的手段自然依托报纸，副刊是一种适合的传媒文化形式，自然要发挥副刊的“教育”功能。但仅仅让副刊停留在“教育”功能层面，其传播效果可想而知：不仅达不到启蒙大众的目的，而且会使副刊沦为枯燥的“讲义”，背离副刊文化的审美、娱乐的特质。新文化运动初期，一些编辑并没有意识到这个问题。《时事新报 · 学灯》创刊初期，主编张东荪、宗白华是新教育、新学术、新诗歌的积极倡导者；编辑在内容选择上，趋向传播思想文化和学术，刊登的文章“学理”性较强。初衷是好的，就是要在文化思想上引领大众，但传播效果不令人满意，以致一些读者发表文章，抱怨刊载的内容沉闷枯燥。读者的反映说明一个道理，报纸副刊作为一种大众传媒文化，应发挥副刊文化的多种功能，满足读者的文化需求。

张东荪是一位很有编创能力的人，他主编《时事新报·学灯》期间，经常采用形式灵活、内涵丰富的互动办刊方式，使这张报纸副刊文化气氛十分活跃。他广泛征求读者意见，在此基础上，由编辑设置议题，然后以来信、征文、组织讨论等方式，吸引读者参与。1919 年 3 月 13 日到 3 月 15 日，《时事新报·学灯》连续刊载《本栏特别征文》：《学者每日之理想的生活》、《理想的书斋》、《室内室外之装饰及人物》、《理想的家庭》、《理想的农村》、《理想的都市》、《理想的国》、《理想的世界》。这些题目有的关注宏观，有的关注微观，带有较强的时代色彩。从 1919 年 5 月开始，先后刊载读者的征文来稿 13 篇，作者既有像潘公展、刘家骏这样的社会活跃分子，也有一些中小城镇的无名之辈，他们基于社会变革的要求，纷纷开出一些“药方”。今天看来，他们的一些观点很幼稚，但他们积极参与编辑策划的议题，对社会的变革表现了浓厚的热情和兴趣，显示出五四青年改造国家、指点江山的恢弘气度。这家副刊为配合读者对这些议题的讨论，在此后一连几个月的版面上，还开设了《思潮》栏目。同时还针对相关的问题，开设了《教育研究》专栏，胡适、左学训、朱谦之、柯一岑、陈望道等名家积极发表言论，话题触及家庭改革、社会主义和中国的出路、新文化的建设、中学教育制度的改革等等。围绕这些话题的讨论，这一时期《青年俱乐部》栏目的作者明显增多。1919年4至6月，此栏目发表的文章有70多篇，作者有50多人。这种互动办刊的方式，就编辑而言，将文化视野扩展到社会各个方面；就读者来说，由于他们积极参与话题的讨论，使大量的社会信息进入传播渠道，活跃了自由争鸣的文化气氛，增强了副刊文章的可读性。1921年9月16日，张东荪创办了《时事新报》副刊《社会主义研究》，在《宣言》中，公开宣言："我们怀抱基尔特社会主义的思想，竖起基尔特社会主义的旗帜。"1923年2月，张君劢在清华大学演讲《人生观》，认为科学不能解决人生观问题。1924年春，张东荪辞去《时事新报》主编，后又任上海光华大学教授，1930年任北平燕京大学哲学系教授。

张东荪政治上属于自由知识分子，他的真正的兴趣在文化学术，而不是具体的政治操作。自上世纪30年代，他在燕京大学一面教书，从知识社会学角度研究社会，著述《知识与文化》一书；一面关注和研究国内外时局，与中共地下党接触，介绍学生离开北平到中共领导的抗日根据地或西南大后方。1944年，张东荪加入中国民主同盟，并任中央常委。1945年11月，他以民盟代表的身份从北平飞赴重庆参加政治协商会议。解放后，任中央人民政府委员、政务院文化教育委员会委员兼燕京大学（后为北京大学）教授。

张东荪是一位勤奋的学者，一生著述丰富，《道德哲学》、《知识与文化》、《思想与社会》、《理性与民主》都是他的代表作。

宗白华：将美学的血液注入副刊

宗白华（1897—1986），著名美学家，现代著名报纸副刊编辑家。出生于安徽安庆。

在青年时代，宗白华曾去欧洲留学，“拿叔本华的眼睛看世界，拿歌德的精神做人”是他的座右铭。他把德国文化巨人歌德作为自己的偶像。他在《题歌德像中》写下这些诗句——

高楼外
月照海上的层云，
仿佛是一盏孤灯临着地球的浓梦。
啊，自然的大梦呀！我羽衣飘飘，
愿乘着你浮入空间的海。

1919年，宗白华主编上海《时事新报》副刊《学灯》，他将哲学、美学和新文艺的新鲜血液注入《学灯》副刊，使之成为“五四”时期最有影响的著名四大报纸副刊之一。作为编辑家，他独具慧眼，发现郭沫若等文学新人，以后成为文学史上的佳话。1919年8月郭沫若看到《时事新报·学灯》上康白情写的《送慕韩往巴黎》白话新诗，心中也萌生创作新诗的勇气，他将自己的两首白话诗——《抱和儿浴博多湾中》和《鹭鸶》寄给了《学灯》。宗白华从大量来稿中发现这两首诗，诗的纯真意境和清新诗风感染了编辑宗白华，他很快将诗发表在 1919 年 9 月 11 日《学灯》上。诗的署名“沫若”。郭沫若第一次以笔名见诸报端。从此，郭沫若的诗歌创作一发不可收。接着，他又给《学灯》寄去几首新诗，但因落到另一位编辑郭虞裳手里，被积压在案头不拟发表。这年 11 月中旬，郭虞裳因到欧洲留学离开了《学灯》，主编职务遂由编辑宗白华接任。宗白华很赏识郭沫若的诗才，于是将先前积压的诗稿及后来郭沫若寄来的稿件，如《凤凰涅槃》、《夜》、《别离》、《立在地球边上放号》等作品，于 1920 年 1 月，陆续在《学灯》副刊上发表，引起当时文学界的瞩目。在此期间，他和郭沫若、田汉等人互相通信，讨论新诗和美学问题，田汉把这些来往书信整理汇编为《三叶集》，1920 年出版。

宗白华 1920 年赴德留学，先后在法兰克福大学和柏林大学学习哲学和美学、历史哲学。1925 年回国，任南京东南大学、中央大学哲学系教授。抗战期间随校迁至重庆，抗战胜利后返回南京继续任教。1952 年改任北京大学哲学系美学史教授至逝世。

张恨水：现代报纸副刊的全能编辑

张恨水（1895—1967），原名张心远，安徽潜山人。现代著名报人和小说家，著名报纸副刊编辑家。

张恨水一生的突出成就表现在两个方面：一是他作为报

人，因编辑文艺副刊而出名，成为一位杰出的报纸副刊编辑家。“五四”之后，他先后主编的报纸副刊有：《世界晚报》副刊《夜光》、《世界日报》副刊《明珠》、《立报》副刊《花果山》、《南京人报》副刊《南华经》，重庆《新民报》副刊《战鼓》等。他的许多作品借助自己主编的文艺副刊登载出来，传播出去，最后被出版商发现，编辑出版，在读者中广为流传。二是作为一个小说作家，他先后创作了百余部通俗社会言情小说，总共大约2000万言，像《春明外史》、《金粉世家》、《啼笑因缘》等作品堪称是他长篇小说的代表作。除此之外，他还写了许多文艺性散文、杂文，数千首诗词等。张恨水被公认为现代通俗“章回小说大家”。

在现代报人中，张恨水是一位独具个性的编辑。副刊编辑不仅要会编，更重要的是要自己会写。张恨水能编能写，显示出一个报人的创新能力。他在北京进入报业界时，文艺稿源很不足，他就自己写稿。小说、散文、杂文、诗词、曲赋、游记、政论、戏评等他样样拿得起，成了一位名副其实的全能编辑家。那些刊登在报纸上的作品，也成了一些作者写作的典范。

作为一个作家，张恨水的出名在一定程度上与大众传媒——报纸有关。“五四”以后，张恨水离开安徽潜山。一开始他本想到北大读书，但没有如愿以偿，最后在报馆里谋生，挣钱养活远在安徽老家的母亲和妹妹。著名报人成舍我慧眼识才，请张恨水主编《世界晚报》副刊《夜光》，让他写连载小说，使本来衣食无着的张恨水有了生活的依托。但是《夜光》

的稿源不足，报纸还要想办法吸引读者，张恨水就自己写作言情小说，于是这张晚报的副刊从1924年4月12日开始连载小说《春明外史》，每期约千余字。小说的情节吸引了许多读者，人物的命运打动了无数读者的心。

张恨水是个报人，报人兼作家的新闻眼光自然影响小说的内容建构。但与一般小说家相比，他有明确的拟想读者——普通市民，因此，他选择叙述的多是北京发生的事。譬如，他选择大众关心的社会问题——政治腐败来叙事，这就一下子能抓住都市大众的兴趣。作者以一个报人的视角，把实际发生着的社会问题稍做加工写入了小说，其中的情节近于“野史”。例如，他将徐枕亚与晚清状元刘春霖之女刘沅颖恋爱一事写入小说，将徐枕亚化名为余梦霞，刘春霖化名为黎殿选。黎殿选极力阻止女儿与余梦霞结合，视写小说为不登大雅之堂的雕虫小技。那些有关军阀政治内幕的情节和场面，最有社会批判力度，如一班总长阁僚为一个京剧旦角开赌局，把输赢易手的巨款给她买豪华汽车。内务总长为总理拉皮条，将一个僚属之妹献给总理，换取15万元的治河款项落入私囊。统治两省地盘的鲁大昌，一个月就发了3000万元公债的横财，来京后用8辆汽车拉了50多个妓女取乐。一位铁路段长为爬上铁路局副局长的地位，竟将自己的老婆供给这位大帅玩弄。这种戳破画皮的文笔，所行使的是正直报人“不平则鸣”的政治“言说”权力。这样的描写与第一二版上社会新闻报道前后呼应，使《世界晚报》赢得了大众的青睐。从《世界晚报》提供的新闻信息看，《春明外史》连载不久，每天下午都有大批读者到报馆门口排队购报，但那些读者并不是为了读新闻，而是读小说中那些新闻性的故事。

文学与传媒结合，这是增强报纸的吸引力、抓住读者的手段之一。《世界晚报》在大众中赢得了声誉，这在很大程度上是因为张恨水的《春明外史》抓住了人类的一个永恒的主题——爱情。平民之间纯洁的爱情，是贯穿始终的叙事线索。主人公杨杏园是一漂泊文人，他与众多女性的情感纠葛林林总总地牵出了上至军阀政客、晚清遗老，下到青年学生、一般市民和三教九流不同社会层面的生活。就生活经历看，其中虚构的主人公融合了作者真实的生活体验。

在这种意义上，主人公杨杏园带有张恨水个人的“自传”色彩。乡村曾是张恨水奋斗的起点，在进入北京报界之前，他经过了十几年的滚打摸爬。如果不是凭着他坚韧的毅力在生活的惊涛骇浪中挣扎，他或许早被生活的激流卷入了泥沙之下。在长期混迹于社会下层的奋斗过程中，张恨水灵魂里贮满了丰富的人生体验。他本是书香门第，家道中落后，他的生活与一般乡民无甚区别。生活的逆转使他必须从一个新的起点出发，去义无反顾地跋涉在艰难、曲折的个人奋斗的小路上，从而，用不断取得的成功撑起自信的风帆，挣脱贫困造成的自卑枷锁。在这种心态下写作《春明外史》，张恨水自然将丰富的下层生活的感受融入文本。主人公杨杏园、梨云二人一见钟情，是基于都市中人生落魄的同病相怜。杨杏园从社会下层漂泊到北京，他对灯红酒绿的上层官僚生活产生了强烈的厌恶情绪。他那孤独而又疲惫的心灵，只有在下层社会里才能找到情感归属。正直文人的社会责任感，驱使他拯救为丑恶社会所玩弄的弱者。他千方百计地帮助身患重病的梨云。但当他无力改变梨云命运的时候，就自叹“自己藏娇无计、偕老有约，生平所认的风尘知己的逝去”。这些描写，与晚清以来的社会小说相比，士大夫文人的品花心态已经消失，其中蕴涵着平民世界的浓浓真情。在雏妓梨云为老鸨抛尸荒野之时，杏园倾其所有，为梨云承办后事。这些描写中可以看出：五四文化（特别是人道主义思潮）的血脉对他艺术灵魂的滋养，从而刷新了晚清以来传统文人与底层平民关系的情感形态。

《世界晚报》是一张进步报纸，文化思潮的变迁和社会大众的生活状态是其关注的主要问题。作为副刊编辑和连载小说作者，他自然要考虑自己的编辑和写作要与主报的新闻相呼应，同时，他不得不考虑报纸特定的读者对象，这样就必须贴近大众的审美趣味写作而又不能媚俗，这体现在他塑造的人物中。从表层看，这部作品中的女性多是半新不旧，她们多穿蓝布罩衫，清清爽爽，“于罩衫下微微露出红绸旗袍，天真老实之中带点诱惑性”。作者“理想”的这些女性具有古典美，同时又有新思潮的理想色调。李冬青之所以成为杨杏园的理想的人物，是因为读了她为《花间集》写的小跋，觉得其“文笔清丽若六朝小品”。自此，他们诗词唱和，保持着纯洁的精神恋。李冬青与当时的“新女性”也有某些相同的之处，受时代思潮影响，她时时不忘个人奋斗，这更激起杨杏园的爱恋，她对情人、对母亲、对朋友都有着强烈的责任感。史莲科这一女性的行为方式、性格心理几乎可以看作是李冬青的复制品。

这种徘徊与新旧之间的女性精神风貌，与广大的市民阶层所理想的道德状态十分合拍，这是引起读者共鸣的一个重要因素。

随着“五四”新文学影响的扩大，报人张恨水也注意从新文学里吸收营养。就结构而言，他以主要人物命运的演变来建构《春明外史》叙事格局，使情节、人物都具有了完整性，一改清末民初通俗社会言情小说结构松散的面貌。张恨水后来回忆说：“《春明外史》，本走的是《儒林外史》、《官场现形记》这条路子。但我觉得这一类社会小说，犯了个共同的毛病，说完一事，又递入一事，缺乏骨干的组织，因之我写《春明外史》的起初，我就先安排下一个主角，并安排下几个陪客。这样，说些社会现象，又归到主角的故事，同时，也把主角的故事，发展到社会的现象上去，这样的写法，自然是比较吃力，不过这对读者，还有一个主角故事去探索，趣味是浓厚些的。当然所写的社会现象，绝不能是超现实的，若是超现实，就不是社会小说了。”这样的变革结果，把通俗社会言情小说的表现内容引到较为广阔的社会层面。有评论家认为，“五四”运动之后，像《春明外史》这样的章回小说还可以叫座是个奇迹，这在很大程度上得益于张恨水对通俗社会言情小说的大胆革新。

作为一位报人，张恨水有较强的策划组织意识。他认为，副刊编辑要利用社会力量办刊，组织自己的作者队伍。他善于结交各种作者，迅速扭转了办刊初期“一人包办”的局面。因为张恨水偏好文学，《夜光》和《明珠》刊载的文字生动活泼，拥有很多读者。北京市的市民百姓爱好京剧，不但爱听戏，而且愿意看谈戏、评戏的文章，张恨水在副刊上增加了评戏的栏目。为了满足受众的需求，他贴钱组稿。听说左笑鸿文笔好，学过京戏，张恨水就请他为《明珠》撰写剧评。他注意发现人才，培养作者，像吴秋尘、宫竹心等人，后来都成为著名的作家，这与张恨水慧眼识人有一定的关系。

张恨水也是一个十分有人格魅力的人，他一生坚守自己的价值追求，与政治也保持一定的距离。他创作的百余部小说就是他坚韧人格的明证。“吃自己的饭，留自己的汗”，是他一生的信条。艺术上的贡献且不去说，在任何环境下，他都始终保持着独立人格和平民主义立场，这一点足以为后人楷模。抗战时期，他拒绝日伪的收买，写了不少鼓荡民气的作品。他在《健儿词》里写道：“看破皮囊终黄土，何妨性命换山河。男儿要赴风云会，笳鼓连天出汉关。”其灵魂深处金刚怒目的一面由此可见。

参考书目

姚福申：《中国编辑史》，上海：复旦大学出版社，1990年版。

姚福申：《中国报纸副刊学》，上海：上海人民出版社，2007年版。

冯并：《中国文艺副刊史》，北京：华文出版社，2001年版。

方汉奇编著：《中国近代报刊史》，太原：山西教育出版社，1991年版。

汤森：《马礼逊：在华传教士的先驱评传》，郑州：大象出版社，2002年版。

顾长声：《马礼逊评传》，上海：上海书店出版社，2006年版。

杨光辉等编：《中国近代报刊发展概况》，北京：新华出版社，1986年版。

方汉奇主编：《中国新闻事业通史》（第一卷），北京：中国人民大学出版社，1992年版。

方汉奇主编：《中国新闻事业通史》（第二卷），北京：中国人民大学出版社，1996年版。

张静庐编：《中国近代出版史料》，北京：中华书局，1957年版。

许纪霖、陈达凯主编：《中国现代化史（1800—1949）》（第一卷）上海：三联书店，1995年版。

林德海：《中国新闻学书目大全（1903—1987）》，北京：新华出版社，1989年版。

丁淦林：《中国新闻事业史》，武汉：武汉大学出版社，1990年版。

吴廷俊：《中国新闻事业历史纲要》，武汉：华中理工大学出版社，1990年版。

尹韵公：《中国明代新闻传播史》，重庆：重庆出版社，1990年版。

上海申报馆：《申报本馆自述》，1872年版。

戈公振：《中国报学史》，北京：商务印书馆，1927年版。

余英时：《士与中国文化》，上海：上海人民出版社，1987年版。

林毓生：《中国意识形态的危机》，贵阳：贵州人民出版社，1986年版。

马克斯·韦伯：《儒教与道教》，洪天富译，南京：江苏人民出版社，1995年版。

柯文，雷颐：《在传统与现代理性之间——王韬与晚清改革》，罗检秋译，南京：江苏人民出版社，1995年版。

张灏：《梁启超与中国思想的过渡（1980—1907）》，崔志海等译，南京：江苏人民出版社，1993年版。

费正清主编：《剑桥中华民国史》，杨品泉等译，北京：中国社会科学出版社，1993年版。

周策纵：《“五四”运动：现代中国的思想革命》，周子平等译，南京：江苏人民出版社，1996年版。

魏定熙：《北京大学与中国政治文化（1898—1920）》，金安平等译，北京：北京大学出版社，1998年版。

张仲礼：《中国绅士》，李荣昌译，上海：上海社会科学院出版社，1991年版。

罗素：《中国问题》，秦悦译，上海：上海学林出版社，1996年版。

格里德：《胡适与中国的文艺复兴》，南京：江苏人民出版社，1996年版。

郭颖颐：《中国现代思想中的唯科学主义（1900—1950）》，南京：江苏人民出版社，1998年版。

梅尔文·L德弗勒、埃弗雷特·E丹尼斯：《大众传播通论》，颜建军等译，北京：华夏出版社，1989年版。

李普曼：《舆论学》，林珊译，北京：华夏出版社，1989年版。

竹内郁郎编：《大众传播社会学》，张国良译，上海：复旦大学出版社，1989年版。

斯蒂文·小约翰：《传播理论》，陈德民、叶晓辉等译，上海：学林出版社，1999年版。

哈贝马斯：《公共领域的结构转型》，曹卫东等译，上海：学林出版社，1999年版。

汪晖、陈燕谷主编：《文化与公共性》，北京：三联书店，1998年版。

林毓生:《中国传统的创造性转化》，北京：三联书店，1988年版。

齐格蒙·鲍曼：《立法者与阐释者》，洪涛译，上海：上海人民出版社，2000年版。

弗·兹纳涅茨基：《知识人的社会角色》，郏斌详译，南京：译林出版社，2000年版。

E·卡西勒:《启蒙哲学》，顾伟铭译，济南：山东人民出版社，1996年版。

余英时：《中国思想传统的现代诠释》，南京：江苏人民出版社，1995年版。

夏志清：《新闻学的传统》，台北：时报出版公司，1979年版。

王德威:《想象中国的方法》，北京：三联书店，1998年版。

陈思和:《陈思和自选集》，桂林：广西师范大学出版社，1997年版。

王晓明主编：《二十世纪中国文学史论》，上海：东方出版中心，1997年版。

汪晖:《汪晖自选集》，桂林：广西师范大学出版社，1997年版。

夏晓虹:《觉世与传世——梁启超的文学道路》，上海：上海人民出版社，1991年版。

陈旭麓：《近代中国社会的新陈代谢》，上海：上海人民出版社，1992年版。

陈平原:《20 世纪中国小说史》(第一卷),北京:北京大学出版社,1989 年版。

周作人:《自己的园地》,北京:人民文学出版社,1998 年版。

李泽厚:《中国近代思想史论》,合肥:安徽文艺出版社,1994 年版。

钱理群、温儒敏、吴福辉:《中国现代文学三十年》,北京:北京大学出版社,1998 年版。

熊月之:《西学东渐与晚清社会》,上海:上海人民出版社,1994 年版。

许纪霖:《另一种启蒙》,广州:花城出版社,1999 年版。

朱学勤:《思想史上的失踪者》,广州:花城出版社,1999 年版。

朱维铮:《求索真文明》,上海:上海古籍出版社,1996 年版。

袁进:《中国小说的近代变革》,北京:中国社会科学出版社,1992 年版。

郭延礼:《中国近代翻译文学概论》,武汉:湖北教育出版社,1998 年版。

冯崇义:《罗素与中国》,北京:三联书店,1994 年版。

胡伟希编:《辛亥革命与中国近代思想文化》,北京:中国人民大学出版社,1991 年版。

鲁迅博物馆、鲁迅研究室编:《鲁迅研究资料》,天津:天津人民出版社,1984 年版。

温儒敏：《中国现代文学批评史》，北京：北京大学出版社，1993 年版。

胡伟希、高瑞泉、张利民：《十字街头与塔》，上海：上海人民出版社，1991 年版。

张静主编:《国家与社会》，杭州：浙江人民出版社，1998 年版。

杨义:《杨义文存》(第一卷)，北京：人民出版社，1997 年版。

侯外庐:《中国思想通史》(第五卷)，北京：人民出版社，1956 年版。

宋炳辉：《新月下的夜莺——徐志摩传》，上海：上海文艺出版社，1993 年版。

秦绍德:《上海近代报刊史论》，上海：复旦大学出版社，1993 年版。

陈昌风：《蜂飞蝶舞——旧中国著名报纸副刊》，福州：福建人民出版社，1999 年版。

王文彬：《中国报纸的副刊》，北京：中国文史出版社，1988 年版。

上海时事新报社编：《时事新报选粹》，上海：时事新报社，1914 年版。

姚公鹤:《上海报纸小史》，上海：上海商务印书馆，1917 年版。

包天笑:《考察日本新闻纪略》，上海：上海商务印书馆，1918 年版。

陈冷：《时报新馆纪念册》，上海：时报馆，1921 年版。

伍超：《新闻学大纲》，上海：商务印书馆，1925 年版。

黄汝翼：《新闻事业进化小史》，中央日报社，1928 年版。

黄天鹏：《新闻记者外史》，光华书局，1931 年版。

胡道静：《上海的日报》，通志馆，1935 年版。

胡道静：《上海的定期刊物》，通志馆，1935 年版。

吴成：《非常时期的报纸》，中华书局，1937 年版。

邵介：《中国报史述略》，中央日报社，1937 年版。

马荫良：《中国报纸简史》，上海：申报馆，1937 年版。

胡道静：《报坛逸话》，上海：世界书局，1940 年版。

阿英：《晚清文艺报刊述略》，上海：上海古典文学出版社，1958 年版。

朱传誉：《报人·报史·报学》，台北：商务印书馆，1967 年版。

赖光临：《中国新闻传播史》，台北：三民书局，1978 年版。

方汉奇：《报刊史话》，中华书局，1979 年版。

李瞻：《中国新闻史》，台北学生书局，1979 年版。

中国人民大学新闻系新闻史教研室编：《中国近代报刊史参考资料》，北京：中国人民大学出版社，1979 年版。

李泽厚：《中国近代思想史》，北京：人民出版社，1979 年版。

胡华：《“五四”时期的历史人物》，北京：中国青年出版社，1979 年版。

赖光临：《中国近代报人与报业》，台北：商务印书馆，1980 年版。

郑逸梅:《南社丛谈》上海：上海人民出版社，1981 年版。

冯自由:《革命逸史》1—6 集，北京：中华书局，1981～1987 年版。

张友渔：《报人生涯三十年》，重庆：重庆出版社，1982 年版。

郑逸梅:《书报话旧》，上海：学林出版社，1983 年版。

王知伊：《编辑记者一百人》，上海：学林出版社，1985 年版。

付学文编:《邵力子文集》，北京：中华书局，1985 年版。

新华社北京分社编：《中外新闻知识概览》，北京：新华出版社，1987 年版。

徐宝璜、邵飘萍:《新闻文存》，北京：中国新闻出版社，1987 年版。

后 记

岁月流逝，这本书总算为自己留下了一路脚印，或深或浅，印证着自己这些年来的感悟与思考，也让我想起在复旦大学度过的那段时光——

2002 年 9 月，我进入了向往已久的复旦大学新闻学院博士后流动站。在和导师们的见面会上，李良荣先生说了几句触动人心的话：“你们带着各自的专业学术背景来到了这里，离开你们的专业背景从事新闻研究，也就意味着失去你们的优势……”那几天的黄昏，我时常徘徊在复旦的燕园，苦苦思考着我应该做的选题。

我在山东大学读研究生时的专业是中国现当代文学，后来读博士期间仍然是这个专业，所读的专业方向是中国近现代通俗文学。由于专业研究的需要，我接触了不少清末民初的报纸副刊。当时，我只是从文学史的视角，研究城市市民文化消费需求和文学创作之间的关系。至于通俗文学与近代文化传播媒介内在的联系，由于学科视野的限制，并不是我当时关注的重点。我毕业后到京当了报纸编辑和记者，曾经主编报纸副刊。因此，我对当代报纸副刊产生了兴趣，其间收集了一些相关材料。鉴于我的专业背景和工作阅历，在进入博士后流动站后，我选择了与报纸副刊有关的选题。

我最初的选题是《在精英和大众之间——五四时期报纸

副刊研究》，当时我想把“四大副刊”作为研究对象。之后大约一年的时间里，围绕这个选题开始阅读原刊，渐渐形成了一些思路。2003 年，博士后人员中期考核时，我向导师们汇报了关于选题的进展和自己的思路。

黄旦先生提出关于“精英”和“大众”的界定以及与副刊发展的关系，李良荣先生建议不要局限于四大副刊，鼓励我要敢于超越前人。丁淦林先生指出，要注意做一些微观细致的研究工作等等。之后，指导教师童兵先生建议我在原来选题的基础上，调整一下选题的结构内容，把报纸副刊作为中国近代社会转型中的一种传媒文化形态，打破四大副刊的局限，侧重于早期副刊编辑形态演变方面的研究，寻求副刊研究的理论突破。

近代早期报纸副刊的研究是副刊研究中的一个薄弱环节，难以找到可供借鉴渐的成果。而早期报刊浩如烟海，能看到的资料毕竟有限，要理出这一时期报纸副刊的演变线索谈何容易，但必要的工作是非要阅读原报原刊不可。有一段时间，我心里时常惶恐，有时竟在睡梦里忽然惊醒。生活和学习中的角色冲突，加上中国特殊的国情，好事多磨，埋头做点正事，老是有一些意想不到的矛盾困扰我。在这个时候，人很容易消沉下去，甚至堕落下去。但正是这个选题，正是导师们的指导和鼓励，使我的心灵激荡起来。从上海徐家汇的藏书楼到复旦大学资料室，从北大图书馆到国家图书馆……那段时间，我常常处于潜心阅读和不断奔走的状态，身心十分疲惫。

在准备动笔写出站报告的前夕，我时常陷入摆脱不掉的焦虑。一天下午，我向童兵先生汇报出站报告的进展情况。童兵先生不仅帮我梳理出站报告的思路，还一再鼓励我："你过去做过研究工作，写过专著，又有过当报纸编辑的经历，我相信你能写出高质量的出站报告……"这样的声音给了我奋然前行的勇气。

以后，我看的原始材料不断增多，逐渐有了新的收获，加之以前几位老师提出的指导意见，我的思路变得开阔。我觉得，市民文化消费与早期报纸副刊的编辑定位、萌芽时期的大众文化与副刊编辑形态的建构、精英文化对副刊编辑形态的影响、传统文人的社会身份革命与副刊编辑主体形成等问题，都值得深究下去，这些问题对于出站报告理论框架的建构有着重要的意义。

2006年初，我调入北京外国语大学。之后，在原博士后出站报告的基础上，我对其中的一些文字不断修改，同时也增加了一些新内容。

我认为，中国新闻史研究的一项重要内容——中国早期报纸副刊，其研究仅仅是个开始。以后可做的工作还很多，譬如这一时期不同报纸副刊的编辑风格、编辑个性的比较、报纸副刊的成熟与中国近现代报纸民族风格的形成、副刊的演变与主报之间的关系、副刊的发展与近现代文学的传播等等，都是值得持续研究下去的课题。当然，这并非短期内所能完成，但我相信，只要坚持，只要有所坚守，只要有表达人生、关注时代的内心驱动力，最后一定会达到目的。

走过这段路程，我深深体会到，对于副刊的研究，从源头工作做起，考察、梳理早期报纸副刊编辑形态的演变，不仅有利于超越前人，也增加了研究的科学性，为以后继续这方面的研究打下了坚实的基础。

在写作和修改本书过程中，复旦大学新闻学院的刘海贵先生、张骏德先生、黄芝晓先生、张国良先生、孟建先生、姚福申先生等导师们的著作和文章，曾经给我很大的启发，其执著探究学问的精神也激励着我，在此向先生们深表谢意。我还要感谢原经济日报社总编辑冯并先生、原人民日报社副总编谢宏先生和《新闻战线》高级编辑祝晓虎先生，感谢他们给予的指导和鼓励。还要感谢《中国教育报》社长赵书生先生、副总编俞让先生，感谢他们多年来对我的关心和帮助。

新书即将付梓之际，再次感谢本专业的同道对我的鼓励。没有他们的鼓励，这本书恐怕难以进一步完善。感谢本校科研处的老师，感谢他们为本书的出版所做的工作。同时感谢责任编辑刘丰先生，他对本书提出了不少意见，他严谨的学术态度和敬业精神令我感动。

感谢那些为我撒下一路阳光的朋友们！

2008 年 3 月 16 日